Réussir ses comptes rendus

Michelle Fayet

Réussir ses comptes rendus

Troisième édition

EYROLLES

Groupe Eyrolles
61, bd Saint-Germain
75240 Paris Cedex 05

www.editions-eyrolles.com

Chez le même éditeur

Michelle FAYET, *Rédiger sans complexes*
Michelle FAYET, *Savoir rédiger le courrier d'entreprise*
Michelle FAYET, *Modèles types de lettres et courriers électroniques*
Renée SIMONET, *La prise de notes*

Le code de la propriété intellectuelle du 1er juillet 1992 interdit en effet expressément la photocopie à usage collectif sans autorisation des ayants droit. Or, cette pratique s'est généralisée notamment dans l'enseignement, provoquant une baisse brutale des achats de livres, au point que la possibilité même pour les auteurs de créer des œuvres nouvelles et de les faire éditer correctement est aujourd'hui menacée. En application de la loi du 11 mars 1957, il est interdit de reproduire intégralement ou partiellement le présent ouvrage, sur quelque support que ce soit, sans autorisation de l'Éditeur ou du Centre Français d'Exploitation du Droit de copie, 20, rue des Grands-Augustins, 75006 Paris.

Cet ouvrage a fait l'objet d'un reconditionnement à l'occasion de son cinquième tirage (nouvelle couverture).
Le texte de l'ouvrage reste inchangé par rapport au tirage précédent.

Sommaire

Mais enfin, qu'est-ce qu'un compte rendu ?

Cette interrogation est celle de beaucoup de personnes confrontées pour la première fois à la rédaction d'un compte rendu. Ce document très utile pour stabiliser l'information est, en effet, peu défini concrètement par les ouvrages de référence. Beaucoup d'utilisateurs par voie de conséquence n'en cernent pas bien les contraintes et les fonctions.

Un document rarement enseigné par les parcours de formation

Un constat peut être cependant établi. Rares sont les formations proposant une approche pratique du compte rendu. De plus, en formation initiale, ce type de document est rarement enseigné, même si le résumé de texte procède d'une démarche intellectuelle similaire. Plus tard, en milieu universitaire, il est implicite d'en avoir acquis les méthodes sans pour autant avoir rencontré l'opportunité d'être initié à sa rédaction au cours de son cycle d'études.

Or, la rédaction de comptes rendus est souvent un signe d'évolution en contexte professionnel. Il est en effet fréquent de réclamer ce document aux personnes exerçant des responsabilités, chargées de diffuser l'information au sein des services. De plus, la situation se complique actuellement par le fait que chacun peut être amené à transmettre par messagerie le compte rendu d'une précédente réunion. Nouveaux supports technologiques, donc nouvelles façons de faire !

Par conséquent, sans initiation préalable, les rédacteurs persistent à être mal à l'aise face à ce document que l'on présuppose connu de tous. Contraints d'en rédiger un, ils ressentent cette tâche comme un pensum ! Certains s'en déchargent vite d'ailleurs sur quelqu'un d'autre ! Quelques uns, plus consciencieux, feuillettent les dossiers à la recherche de comptes rendus existants pour trouver rapidement un modèle quand ils ne savent comment s'y prendre. Il s'agit d'entrer dans le moule sans faire trop de vagues… Or, par manque de méthodologie et de conseils sérieux, ces rédacteurs peuvent alors pérenniser innocemment de mauvaises habitudes rédactionnelles lorsque les documents consultés, devenus désormais leur référence, ne sont pas en fait de grande qualité.

La confusion entre compte rendu et rapport : un classique

Il est à noter également que le compte rendu, sans doute en raison d'absence de définition claire, est souvent assimilé, voire confondu, avec le rapport. Il est ainsi fréquent d'entendre le mot rapport employé à la place du mot compte rendu. Cette incertitude lexicale prouve bien combien l'absence de définition concrète pèse sur ce type d'écrit. Cette confusion est d'ailleurs renforcée par les professionnels eux-mêmes qui intitulent « rapporteur » le rédacteur d'un compte rendu tandis que d'autres, lors des réunions officielles, lui donnent en revanche le nom spécifique de « secrétaire de séance ». Ce titre est d'ailleurs le seul existant pour décrire un rédacteur de compte rendu mais, par son côté officiel, il apparaît comme trop pompeux pour les réunions plus informelles comme les réunions de coordination de service.

Pour y voir plus clair : différences entre compte rendu et rapport

Compte rendu	Rapport
❑ Absence de problématique de départ pouvant ne comporter aucune introduction selon le type de compte rendu choisi	❑ Problématique de départ comportant toujours une introduction de contexte et l'insertion d'une problématique ou du moins de l'angle d'analyse choisi
❑ Document complètement objectif n'engageant son rédacteur que sur la qualité de la forme	❑ Document engageant la responsabilité du ou de ses rédacteurs
❑ Reformulation généralement plus synthétique d'un contenu exprimé à l'oral ou à l'écrit sans modification du sens	❑ Document porteur d'une réflexion autour d'une problématique de départ
❑ Transmission de sujets traités de manière informative et neutre sans aucune analyse personnelle	❑ Analyse personnelle d'un sujet avec proposition de solutions concrètes
❑ Reformulation éventuelle d'argumentations émises par d'autres dans l'objectif exclusif de tenir informé	❑ Argumentation personnelle déployée par le rédacteur dans l'objectif de faire adhérer, voire de convaincre
❑ Pas de conclusion rajoutée à la conclusion émise oralement	❑ Conclusion pouvant modifier le regard porté sur un sujet avec ouverture éventuelle sur l'environnement ou le futur
❑ Aucun engagement du rédacteur sur le fond mais forme sous son entière responsabilité	❑ Engagement personnel du rédacteur sur le fond et la forme

Une définition des comptes rendus de réunions de travail

Par comparaison avec le rapport, la définition du compte rendu pourrait être la suivante :

> Le compte rendu est la retranscription fidèle du contenu de propos tenus, lors d'une réunion, d'une rencontre de travail, entre des personnes rassemblées provisoirement pour présenter des bilans ou discuter de besoins, problèmes ou dysfonctionnements. Dans ces derniers cas, il s'agit de déterminer à plusieurs les solutions et les actions susceptibles d'être menées pour les mettre en place. Le texte du compte rendu, sorte de contrat officieux entre les participants, fige et enregistre à un instant T les engagements de chacun.

Lors des cursus d'étude, certains résumés de textes sont parfois appelés comptes rendus, mais c'est une reprise des idées essentielles d'un contenu plus développé. En effet, il s'agit de recevoir de l'information et de la reformuler de manière synthétique. Il n'est pas question là de la traiter dans une perspective d'action. Les techniques de résumé ne seront donc pas le propos de ce livre. Les comptes rendus envisagés ici auront pour origine un échange oral. Toutefois, le dernier chapitre suggérera des méthodes pouvant être utilisées pour le compte rendu d'un texte ou d'un dossier.

Cinq types de comptes rendus pour une efficacité maximum

La forme stylistique des comptes rendus peut, quant à elle, considérablement fluctuer selon l'objectif du document tant par le vocabulaire choisi que par le volume de texte produit. En effet, il existera des comptes rendus plus ou moins synthétiques selon la situation en présence. En effet, sans que vous le sachiez peut-être encore, cinq types de comptes rendus sont à votre disposition pour reformuler les échanges au gré de vos séances de travail ! Vous les côtoyez régulièrement sous plusieurs formes. Leurs particularités, parfois très spécifiques, peuvent même vous donner l'illusion de la présence de documents différents.

Il s'agira, au cours de ces pages, de vous offrir une vision d'ensemble des différents types de comptes rendus, accompagnés de leur méthodologie spécifique et de conseils issus de situations presque exclusivement professionnelles. Il est en effet essentiel, pour votre efficacité future, de balayer l'ensemble des problèmes spécifiques liés aux différents types de compte rendu. Vous pourrez être ainsi en mesure de rédiger non seulement des comptes rendus de qualité, mais aussi être en mesure de devenir force de propositions en introduisant des documents mieux adaptés aux situations que vous rencontrerez désormais.

Écoute, objectivité et synthèse : les trois mots clés des comptes rendus

Sur le plan intellectuel, le compte rendu est presque toujours un travail de synthèse, exigeant du rédacteur une part importante d'objectivité. Le souci permanent est, au cours de sa rédaction, d'éliminer toute forme d'implication personnelle. Afin d'éviter la moindre distorsion, la qualité d'écoute du rédacteur doit être par conséquent particulièrement développée.

Pour toutes ces raisons, le compte rendu est un document relativement délicat à rédiger, réclamant des qualités à la fois humaines, intellectuelles et rédactionnelles.

Veillez à ne pas le confier au premier venu.

chapitre 1

5 objectifs clés sous-tendant les comptes rendus

Le compte rendu est une force encore trop négligée au sein des structures professionnelles, par méconnaissance de sa portée ou de sa méthodologie de rédaction, ou pour ces deux raisons mêlées. S'il retranscrit certes des échanges verbaux, le compte rendu est efficace sous plusieurs angles pour un manager d'équipes.

Rédiger pour les absents

Peu de réunions sont régulièrement plénières. Il est en effet très fréquent de se réunir en l'absence de certains, absence liée à d'autres obligations professionnelles ou à des congés. En outre, il est également indispensable de renseigner sa hiérarchie, ses clients, ses fournisseurs, ses partenaires, ou le public, sur les thèmes abordés lors de certaines réunions. L'information circule ainsi, grâce à ce document pivot, vers le haut, vers le bas, vers l'extérieur au gré des besoins… Le compte rendu en ce sens est un vecteur de communication parfait pour une structure : objectivité et rigueur au rendez-vous. À condition, bien entendu, qu'il soit bien rédigé !

Le compte rendu offre de surcroît la possibilité de transmettre les contenus de manière plus ou moins synthétique selon le type de compte rendu choisi. Ainsi, certains types de comptes rendus transcriront systématiquement la position et l'attitude des personnes, voire le ton des débats, tandis que d'autres *a contrario* retiendront exclusivement le fond des messages émis. À vous donc de choisir le document de la situation !

Raviver la mémoire des participants

Les réunions se multiplient actuellement et, par voie de conséquence, naît le besoin d'en posséder une mémoire écrite par souci de fiabilité. Cette dernière est d'ailleurs toujours renforcée par un écrit commun ne laissant pas d'initiative aux dérives possibles émanant de prises de notes imparfaites, seules références en l'absence de ce document d'enregistrement.

De plus, si certains ressentent des difficultés personnelles à résumer une réunion, la lecture du compte rendu leur permettra, sans aucun doute, de raviver leur mémoire en restituant le souvenir des débats et l'atmosphère de celle-ci.

Fournir un outil de travail efficace

Le compte rendu permet de poursuivre une réflexion commune en évitant les confusions possibles entraînées par la variété des notes prises par des personnalités différentes, aux préoccupations parfois divergentes. Grâce au compte rendu, chacun est désormais imprégné du même texte, facteur de consensus. Par cette sorte de mémoire collective désormais mise en place, l'action peut découler très rapidement avec réactivité.

Pour se convaincre de l'importance du rôle des comptes rendus, il suffit d'observer la circulation de l'information et le rythme des prises de décision au sein de services possédant une réelle politique de comptes rendus comparativement à ceux qui n'en ont pas. Les résultats sont très probants. Le compte rendu, outil de communication entre les acteurs, permet d'éviter bien des pertes de temps et beaucoup d'incompréhension lorsqu'il s'agit d'être en phase avec ses clients, ses partenaires, ses fournisseurs…

Créer une mémoire écrite d'un vécu collectif

Il est aussi habile de ne pas toujours tout recommencer. Les expériences vécues au sein des services peuvent être, pour plus tard, riches d'enseignement et permettre alors davantage de réactivité : efficacité oblige. En effet, les difficultés professionnelles étant parfois les mêmes, il peut être utile à tous de posséder le moyen d'utiliser les idées ou conclusions de situations déjà analysées et cernées.

Renforcer la qualité de la cohésion interne

Ce point est plus important qu'il n'y paraît au premier abord. En effet, par des mots communs structurant la mémoire de tous, une cohésion est susceptible de naître progressivement, au-delà même des disparités individuelles et des enjeux différents de chacun. Il arrive même, par le biais de comptes rendus de synthèse, supprimant l'individualisation des opinions, de renforcer l'esprit d'équipe.

La méthode employée et la fluidité du style ne sont donc pas à négliger. En effet, les qualités d'écriture sont porteuses d'envie de lire, de transmission subliminale de sérieux, de formalisation concrète des idées en mots bien choisis. Un compte rendu bien conduit peut devenir un véritable véhicule des idées pour un groupe de travail. En effet, les contenus, grâce à lui désormais stabilisés, exercent un rôle de clarification et, par là même, de stimulation des équipes.

Cinq rôles pour un même compte rendu

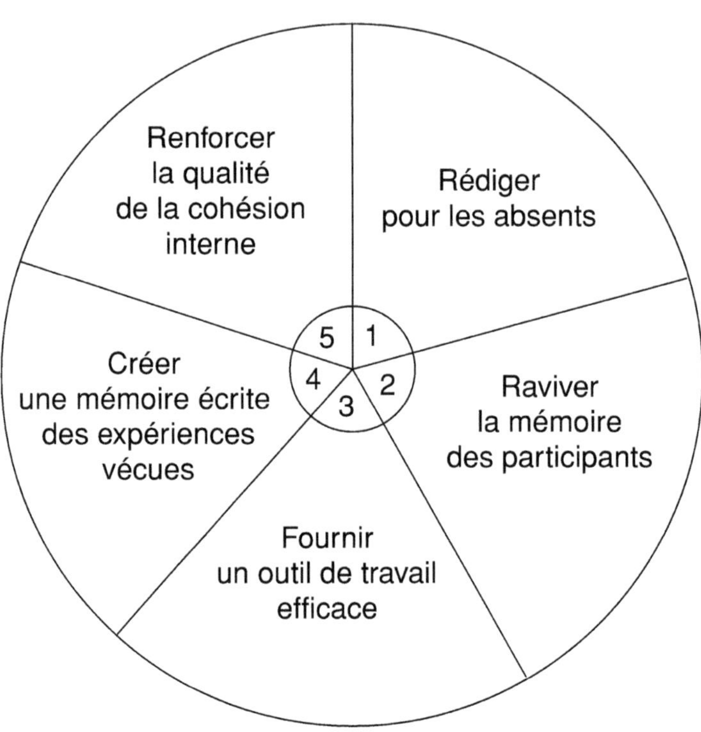

chapitre 2

Savez-vous qu'il existe 5 types de comptes rendus ?

Avant d'aborder tout conseil pratique, il faut tout d'abord savoir que cinq types de comptes rendus circulent actuellement dans le monde professionnel, avec même quelques nouvelles tentatives innovantes liées aux nouvelles technologies. Cette différenciation s'est progressivement mise en place pour répondre à des besoins ponctuels, le traitement de texte ayant permis ces dernières années le développement croissant de comptes rendus synoptiques, sous forme de tableaux.

Remettre en question ses habitudes

Prisonniers de nos habitudes de service, liées à la culture du milieu professionnel immédiat, nous n'avons pas toujours la possibilité de connaître d'autres savoir-faire. Ces limites engendrent fréquemment la création de documents mal adaptés à nos besoins réels. C'est là que la formation continue peut jouer un rôle de miroir et conduire à des remises en question par comparaison ou recul critique. En effet, les formateurs ont, eux, accès à tous les terrains, à toutes les sortes de documents et de situations. Par ce regard panoramique, ils capitalisent naturellement des expériences et accèdent par là même à une vision plus globale.

Cette expérience permet une théorisation par typologies et par voie de conséquence favorise l'importation de savoir-faire plus performants, issus d'autres structures.

Ce regard panoramique vous est offert à la page suivante. Par ce tableau, il vous sera possible de percevoir en synthèse les caractéristiques de chaque type des comptes rendus actuellement en circulation. Cette description est établie par typologies de compte rendu, résultat d'une expérience de formatrice en entreprise dans des secteurs très variés. Ce tableau récapitulatif sera le document de référence de ce livre, nous devrons par conséquent nous y reporter fréquemment.

Il est à noter que, dans ce tableau, le compte rendu de visite n'est pas inclus car, selon les besoins, il pourra être, en effet, conçu selon le type 3, 4 ou 5. Il est toutefois plus opérationnel de le concevoir en tableau.

Qualités requises pour rédiger des comptes rendus

Nous venons de voir qu'il serait maladroit de confier au premier venu la rédaction d'un compte rendu ou même de proposer, au sein d'une équipe, de le rédiger à tour de rôle selon l'humeur. Pourtant, dans les faits, les choses se déroulent souvent ainsi, par peur généralement de l'acte d'écriture. En effet, beaucoup évitent de rédiger par eux-mêmes, par crainte d'être jugés. Or, là réside l'erreur. Seuls les plus impliqués dans une situation savent mettre en exergue les enjeux de la situation et le compte rendu sera alors leur atout, outil d'efficacité.

Toutefois, pour rédiger un excellent compte rendu, la motivation ne suffit pas, il faut également faire preuve de plusieurs qualités.

❑ L'objectivité de l'écoute : un point fondamental

Le preneur de notes en vue d'un compte rendu ne doit pas être quelqu'un effectuant par tempérament une écoute sélective. Lors d'un compte rendu, il faut en effet être capable de reformuler avec une certaine objectivité, sans déformations et rajouts personnels : un compte rendu est écrit certes avec d'autres mots mais il ne doit jamais altérer le sens d'origine.

Lors de la prise de notes, l'écoute doit être centrée sur le fond et non sur la forme. C'est pour cette raison que la prise de notes en sténo n'est pas bien adaptée au compte rendu (sauf compte rendu de type 1, éventuellement de type 2, voir tableau p 8 et 9). En effet, le preneur de notes est alors axé sur la retranscription de la forme et perd de vue le fond. Beaucoup de décideurs font ainsi l'erreur de choisir leur assistante sur ses qualités de sténo alors que seules ses qualités d'écoute et de reformulation seraient à prendre en compte quand il s'agit de lui confier la rédaction des futurs comptes rendus du service. Elle peut donc bien sûr ignorer la sténo !

❏ Le rédacteur doit être le responsable de la réunion ou l'un de ses assistants

Il est indispensable de prendre en charge la rédaction du compte rendu quand on fait partie des personnes les plus concernées par les enjeux de la réunion. En effet, il faut bien saisir les contraintes, les nuances, pour rédiger un bon compte rendu. Le nouvel arrivé, même rédacteur performant, ne produira pas forcément un bon compte rendu. Il n'est ainsi pas possible, dans des domaines reliés à des contenus très techniques, à la culture professionnelle d'un lieu, de bien comprendre le fond et d'en saisir tous les aspects avec subtilité sans une bonne insertion dans ce milieu spécifique.

Le compte rendu est donc une plaque tournante d'enregistrement, sorte de photographie des idées permettant de repartir, à chaque réunion, sur de bonnes bases sans tout recommencer. Il ne s'agit pas de faire un compte rendu pour dire qu'il en existe un. Il faut savoir en exploiter toutes les ressources.

5 types de comptes rendus à votre disposition

Types de comptes rendus	Description
Compte rendu complètement littéral **1**	• Présentation : comme une pièce de théâtre. • Reprise littérale de la totalité des propos tenus mais généraler en français « écrit ». $\Rightarrow$ 90 % du volume du texte initial en style direct. **Plan linéaire chronologique.**
Compte rendu littéral reformulé **2**	• Utilisation du style indirect à la 3e personne du singulier, au pr de narration. • Reprise des paroles en français correct, de façon synthétique $\Rightarrow$ 60 % du volume du texte initial. • Identification des participants par leur nom ou leur fonction. **Plan linéaire chronologique.**
Compte rendu synthétique **3**	• Retranscription tout à fait synthétique en français correct des propos tenus. • Apparition de titres voire de sous-titres. • Pas de rappel systématique des noms des intervenants $\Rightarrow$ 40 du volume du texte initial. **Plan thématique.**
Compte rendu synoptique en français courant **4**	• Présentation sous forme de tableau (généralement en 3 colon • Rédaction en français correct très synthétisé. • Phrases très courtes (16 mots maximum) $\Rightarrow$ 30 % du volume texte initial. **Plan thématique.**
Compte rendu synoptique en prise de notes enrichies **5**	• Présentation sous forme de tableau. • Retranscription sans verbes conjugués avec pronoms et article $\Rightarrow$ utilisation de noms et de verbes à l'infinitif. $\Rightarrow$ 20 % du texte initial. **Plan thématique.**

Objectifs de chaque compte rendu	Avantages	Inconvénients
Donner une information précise et complète r le déroulement d'une réunion. Présenter les opinions des personnes en nservant leur forme d'expression la plus oche de l'oral.	• Document de référence fiable.	• Formulation trop longue (éléments ou détails inutiles). • Non synthétique. ⇒ risque de confusion. • Fastidieux à lire.
Informer sur les interventions individuelles. Présenter les opinions de chacun sur un sujet. Responsabiliser les personnes par rapport leurs prises de position en faisant stématiquement apparaître leur nom.	• Relativement détaillé. • Clarté de la mise en page. • Connaissance de l'opinion de chacun.	• Limité aux réunions bien dirigées et structurées. ⇒ risque de confusion dans le cas contraire.
Faciliter la compréhension des sujets abordés. Effectuer pour le lecteur l'effort d'analyse et e synthèse. Faciliter la lecture au moyen de titres. Renforcer l'esprit d'équipe, les faits étant is en valeur au détriment des personnes.	• Reformulation plus claire : par thèmes. • Analyse et synthèse déjà effectuées pour le lecteur. • Ton souple.	• Pas d'ordre chronologique dans la présentation.
Présentation au bilan par colonnes : des faits, des actions à mener. Donner la possibilité de voir apparaître des isonnements. Transmettre des informations à la hiérarchie.	• Clair et concis : phrases courtes. • Présence de transitions ⇒ raisonnements facilités. • Ton souple.	• Moins synthétique que le compte rendu n° 5.
Donner une vision d'ensemble immédiate. Retenir les bilans d'information ou d'actions entreprendre. Permettre éventuellement un travail en mmun sur le document.	• Bonne visualisation ⇒ compréhension spontanée. • Souplesse très grande d'utilisation. • Trés synthétique.	• Nécessité du choix d'un vocabulaire précis et explicite sinon risques d'interprétations. • Ton directif.

Les principales lois servant de base
à la rédaction d'un compte rendu

Exigences	Commentaires
• **REFORMULATION PLUS OU MOINS IMPORTANTE DES PROPOS TENUS**	• Selon le type de compte rendu choisi, la reformulation des propos sera plus ou moins importante tant par le choix des mots que par le volume des phrases. • Seul le 1er type de compte rendu est la retranscription exacte des phrases prononcées, les autres comptes rendus comportent tous des reformulations. Il faut prendre conscience qu'un oral, même bien maîtrisé, ne possède pas les mêmes contraintes qu'un écrit. Le rythme de passage de l'oral à l'écrit est donc déterminant.
• **RÉSUMÉ PLUS OU MOINS SYNTHÉTIQUE DES CONTENUS À TRANSMETTRE**	• Le texte d'un compte rendu n'est pas aussi délayé que l'oral correspondant. Ce dernier veut forcer l'écoute, l'écrit est, quant à lui, toujours plus dense, plus axé sur la synthèse. Cependant, les comptes rendus peuvent être plus ou moins détaillés selon l'objectif recherché. Il est donc primordial de choisir le type de compte rendu le mieux adapté aux besoins (voir les 5 types de comptes rendus p. 8/9).
• **PLAN D'ENSEMBLE CONSTRUIT SELON LA CHRONOLOGIE DES DÉBATS MAIS POUVANT ÊTRE RÉORGANISÉ DANS CERTAINS CAS**	• Il serait fort maladroit d'organiser le texte de façon différente du plan proposé par « l'ordre du jour ». Par contre, il est indispensable, sans ordre du jour, d'organiser le texte par « thèmes abordés ». Par ailleurs, lors de réunions mal dirigées, les contenus éparpillés seront regroupés dans les rubriques sélectionnées par l'ordre du jour ou proposés sous forme de thèmes abordés.

Exigences	Commentaires
• **ABSENCE D'INITIATIVES PERSONNELLES AUTRES QUE SUR LA FORME OU LA CONSTRUCTION**	• Il serait très maladroit également d'intervenir personnellement sur la teneur des contenus. • Aucun rajout personnel d'importance ne doit être effectué, même si d'après nous le texte comporte des oublis ou des points non suffisamment développés. • Aucune introduction ou conclusion ne doit être créée si le débat n'en comporte pas. Il faut sans cesse en effet jouer le jeu de l'objectivité.
• **IMPLICATION PERSONNELLE INEXISTANTE PAR SOUCI PERMANENT D'OBJECTIVITÉ**	• Dans cette perspective d'objectivité, le rédacteur du texte choisit, de façon constante, de ne pas s'impliquer. Il bannit donc les « je », et même les « nous », qui l'introduiraient, par le sens, au sein de l'équipe de travail aux yeux du lecteur.
• **MÉTHODOLOGIE VOISINE DE CELLE DU « RÉSUMÉ DE TEXTE »**	• Afin de comparer le compte rendu à un exercice scolaire bien connu, la méthode suivie peut être rapprochée de celle du résumé de texte. • La dissertation serait voisine de la méthodologie du rapport.
• **ADAPTATION INDISPENSABLE DU COMPTE RENDU À SES PROPRES BESOINS SPÉCIFIQUES**	• La plupart des professionnels ignorent que cinq types de comptes rendus sont à leur disposition. En l'absence de cette information, ils utilisent généralement le type de compte rendu adopté par leur service, sans trop d'esprit critique à son propos. Ils s'étonnent ensuite du peu d'impact du document sans comprendre que celui-ci dépend étroitement du type de compte rendu choisi. Il est donc indispensable de posséder une vue panoramique des documents à notre disposition afin de sélectionner le document adéquat.

Réponses à vos questions
lors de la rédaction d'un compte rendu

Questions	Réponses
Quelle différence existe-t-il entre le procès-verbal et le compte rendu ?	Le procès-verbal est en fait un compte rendu littéral reformulé du type n° 1 ou n° 2 (rarement un n° 3) voir p. 8 et 9. Cependant, contrairement au compte rendu où les participants découvrent le texte achevé, les participants ont lu au préalable le texte, et l'ont éventuellement modifié. Le document émis est donc diffusé avec leur approbation. Ils ont d'ailleurs souvent signé pour manifester leur accord sur la teneur des contenus.
Peut-on s'impliquer personnellement dans un compte rendu ?	Non, le rédacteur, pourtant souvent professionnellement très impliqué, doit jouer le jeu d'une personne en retrait possédant un certain recul. Il faudra donc éviter systématiquement l'emploi des pronoms personnels « je » et même « nous ». Par voie de conséquence, les possessifs du type « nos services » seront également écartés. Afin d'accroître la crédibilité du document, il est indispensable de donner l'impression d'un rédacteur neutre vis à vis de la situation.
Que fait-on quand on est à la fois le rédacteur du compte rendu et un participant actif ?	La situation idéale serait de confier la rédaction du compte rendu à une personne parfaitement à l'écoute, ne participant pas de manière active à la réunion. Cependant, dans la réalité, le rédacteur du compte rendu est souvent un participant actif, voire le président de séance. Dans ce cas, afin de donner au ton du texte un maximum d'objectivité, il lui faudra jouer le jeu du personnage extérieur et parler de lui-même comme s'il s'agissait d'une tierce personne.

Questions	Réponses
Doit-on consacrer une page aux renseignements (noms des participants, lieu, ordre du jour) ou commencer le compte rendu dès la 1re page ?	L'habitude veut que beaucoup de comptes rendus débutent sur la 1re page. Cette façon de faire est née à l'époque des doubles effectués sur un papier carbone. Or, actuellement, avec le traitement de texte, il est beaucoup plus percutant et esthétique de consacrer toute la 1re page aux renseignements administratifs pour ne commencer le texte qu'en 2e page. De plus, il est plus facile ensuite de rechercher une information. En effet, il sera possible de toujours rappeler l'ordre du jour sur cette page. Cependant, les deux formules sont adoptées, seuls le goût et le souci d'efficacité de chacun permettront de trancher.
Doit-on numéroter l'ordre du jour et par voie de conséquence le texte ?	Les deux façons de faire (numérotation ou ordre du jour non numéroté) sont actuellement en vigueur. La 2e formule est cependant plus fréquente. En effet, il peut être maladroit de numéroter un texte, laissant croire ainsi que certaines rubriques sont plus importantes que d'autres. Or, dans la plupart des comptes rendus, les rubriques ne sont pas hiérarchisées par ordre d'importance. Il vaut mieux laisser la numérotation au rapport, qui, lui, hiérarchise la construction du texte, ou utiliser celle-ci lors des comptes rendus volumineux, par souci exclusif de lisibilité.
Que fait-on en l'absence d'ordre du jour ?	Le compte rendu qui en découlera ne pourra être qu'un compte rendu de synthèse (n° 3, 4 ou 5). Il sera parallèlement indispensable de créer des titres mais ils ne pourront être intégrés à un « ordre du jour » car celui-ci est forcément un plan envoyé à l'avance. Cependant, il pourrait être habile de créer un titre « thèmes abordés » et de lister ces thèmes en 1re page. Les lecteurs s'habitueront vite à distinguer les deux titres : ordre du jour ou thèmes abordés. Grâce à cette sorte de sommaire en 1re page, il sera aisé de rechercher l'information.

Questions	Réponses
	Peu de personnes, en l'absence d'ordre du jour, prennent actuellement l'habitude d'adopter cette formule de création de sommaire
Doit-on signaler le nom du rédacteur du compte rendu ?	Il est fréquent de rencontrer des comptes rendus ne comportant pas le nom du rédacteur. Or, il serait plus efficace de toujours signaler le nom de ce dernier. En effet, on saurait ainsi à qui s'adresser pour des précisions complémentaires. C'est un usage à prôner.
Est-il possible de se démarquer du langage parlé ?	C'est presque une obligation. Les comptes rendus les plus maladroits sont ceux reprenant les tournures de l'oral sans aucune reformulation. Or, le code oral et le code écrit ne s'organisent pas de la même manière. Les mots choisis ne sont pas non plus les mêmes. Une reformulation systématique est donc de règle lors de la rédaction d'un écrit professionnel. À ce propos, vous trouverez une réflexion sur les types de mots rejetés à l'écrit lors de la rédaction de documents.
Que faire quand un timide ou un volubile s'expriment ?	Dans les comptes rendus de synthèse (3.4.5), le problème ne se pose pas puisque les personnes sont peu ou pas nommées. Cependant, dans les comptes rendus n° 1 et 2 (littéral et littéral reformulé), celui-ci se rencontre fréquemment. Dans ce cas, il faut regrouper et enrichir par la formulation l'intervention hésitante et synthétiser la plus redondante.
Quelle longueur doit-on adopter pour les paragraphes ?	Il faut éviter les textes denses et compacts pouvant créer un frein de lecture. Il serait souhaitable de se donner comme contrainte de ne pas dépasser six lignes dactylographiées lors de la rédaction d'un paragraphe. Ce volume est indispensable au lecteur pour bien saisir la teneur des contenus et surtout pour ne pas être rebuté dès la lecture. Il ne faut pas oublier que personne n'est forcé de lire votre compte rendu. Il est donc indispensable de capter l'attention.

Questions	Réponses
Est-ce que la phrase longue est de mise dans un compte rendu ?	Non, le compte rendu suit les mêmes lois de syntaxe que la lettre. Afin d'être lisible, il doit respecter les contraintes du créneau de lisibilité moyen d'un Français, créneau situé entre huit et seize mots. La phrase de seize mots sera donc la plus fréquente. Elle correspond à des phrases de deux lignes dactylographiées maximum. Bien entendu, dans des cas particuliers, une phrase un peu plus longue peut être adoptée, mais ce doit être un fait exceptionnel.
Comment prendre des notes en vue de la rédaction d'un compte rendu ?	Il est absurde de donner un conseil de cet ordre avant de bien percevoir les lois présidant à la rédaction de chaque type de compte rendu. En effet, la prise de notes doit être adaptée au compte rendu choisi. Aussi, des méthodes de prises de notes vous seront proposées au cours des chapitres traitant, en détail, des conseils de rédaction de chaque type de compte rendu.
Quel type de plan est suivi lors de la rédaction d'un compte rendu ?	Le plan des comptes rendus n° 1 et 2 est un plan chronologique. Le rédacteur suit parfaitement le déroulement de la réunion. À partir des comptes rendus n° 3, 4 et 5, le plan est organisé par thèmes. Si la réunion est bien dirigée, et respecte l'ordre du jour, il suffit de suivre chronologiquement le rythme des débats, eux-mêmes organisés par thèmes. Par contre, dans le cas de réunions mal dirigées ou informelles, il serait extrêmement maladroit de suivre le rythme des débats. Il faudra, dans ce cas, reclasser et organiser le texte selon un plan thématique.
Doit-on faire systématiquement apparaître le nom des personnes s'exprimant au cours de la réunion ?	Non, seuls les comptes rendus n° 1 et n° 2 imposent cette contrainte. À partir du compte rendu n° 3 de synthèse, le nom d'une personne est noté uniquement si celle-ci : – se démarque du groupe par une opinion différente, – s'engage à réaliser une action, – a besoin d'être valorisée.

Questions	Réponses
	Dans les autres cas, les personnes disparaissent au profit des contenus. Les comptes rendus n° 3, 4 ou 5 renforcent donc l'esprit d'équipe. En effet, le texte semble émaner d'un groupe et non de personnes fortement individualisées. Les responsabilités sont désormais prises ainsi en équipe et la créativité d'un seul peut alors sembler celle du groupe. Les comptes rendus de synthèse sont donc à conseiller pour renforcer l'esprit d'équipe.
Est-il préférable de connaître la sténographie pour préparer un compte rendu ?	Non – au contraire – si le 1er type de compte rendu, parce qu'il est très proche des paroles émises, permet une situation de prises de notes en sténographie, il est préférable par contre de ne pas utiliser celle-ci lors d'une prise de notes destinée à la rédaction d'un compte rendu (2, 3, 4, 5). En effet, la prise de notes est dans ces cas complètement axée sur le sens. Elle ne réclame donc pas la même démarche intellectuelle que la prise de notes en sténo. En effet, lors de cette dernière, l'effort de concentration s'effectue plus particulièrement sur la retranscription des sons entendus. Procéder aux deux démarches intellectuelles en parallèle n'est du ressort que de ceux, très rares, qui possèdent un réflexe d'écriture en sténo quasi automatique. Certaines secrétaires se plaignent d'ailleurs parfois d'avoir perdu leur esprit de synthèse par une utilisation excessive de celle-ci. Cependant, il ne faut pas, bien entendu, être trop intransigeant. Certains professeurs de pointe proposent, en effet, lors de l'apprentissage de la sténo, des exercices par mots clés et refusent la retranscription littérale du message émis. Néanmoins, ne vous étonnez plus si vous l'avez abandonnée depuis longtemps lors de la rédaction d'un compte rendu. Vous en comprenez maintenant la raison.

chapitre 3

Points d'ancrage d'écoute en réunion

En réunion, beaucoup se sentent perdus lors de la prise de notes. En effet, les propos sérieux côtoient des moments informels, mêlés d'apartés hors sujets, d'anecdotes, d'instants d'humour… il paraît alors très difficile de savoir quoi noter, quand ? À la difficulté de percevoir l'essentiel se mêle aussi une autre difficulté, celle de se repérer dans le bain des différents niveaux de langue (chacun ne s'exprimant pas forcément sur le même registre de langue) dans une situation d'expression souvent informelle, voire relâchée.

Quatre moments à repérer

Le preneur de notes doit en fait s'auto-guider en voix intérieure. En effet, il doit constamment repérer, et particulièrement écouter, quatre moments participant à une chaîne de raisonnement conduisant à l'action. Ces quatre moments sont, en quelque sorte, ses objectifs intermédiaires pour déclencher l'acte de prise de notes. En effet, il ne s'agit pas de noter à rythme régulier. C'est pourtant l'erreur de certains. En prenant ses notes, il faut garder en tête ces quatre situations phares, bien les identifier et donc être désormais en mesure de savoir dans quelle situation le groupe se trouve à chaque étape de la réunion. On notera alors intensément par moments, peu à d'autres, et on s'interrompra lors de digressions lorsqu'il s'agit d'un moment hors sujet. Ces cartes à jouer salvatrices sont les suivantes :

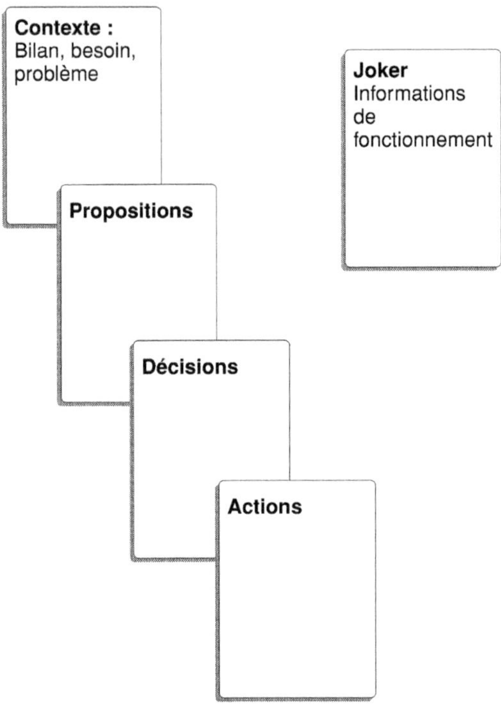

Cette vigilance intérieure permet de saisir les moments clés des réunions, au-delà des bavardages et digressions. Les notes seront prises en s'appuyant sur ces quatre cartes à jouer guidant la perception des contenus.

Le contexte : bien définir le cadre

> **Contexte :**
> – Bilan,
> – besoin,
> – problème

Les réunions sont organisées autour de **bilans, besoins, problèmes, dysfonctionnements...** Seules les structures peu performantes se réunissent pour ne rien dire véritablement ! En effet, si des temps de rencontre sont prévus dans une organisation, c'est pour y faire le point sous forme de bilans ou pour soulever un besoin devant être analysé. Il s'agit aussi, surtout, de régler les problèmes, les dysfonctionnements de la structure. Une reformulation claire du contexte devient par là même la base de travail de départ d'un aspect traité, identifié ensuite dans le texte comme un point à l'ordre du jour ou comme un thème abordé (en l'absence d'ordre du jour prévu à l'avance).

Moment de participation : les propositions

> **Propositions**

À la suite d'un débat lié à un problème ou à une situation particulière, des personnes prendront l'initiative de rechercher des solutions et de les soumettre au groupe au cours de la réunion. Il s'agit alors de suggestions, parfois de critiques. Ce moment est repérable à l'oral par la présence de conditionnel pour les suggestions *« on pourrait ouvrir le bureau le samedi matin »*. Les critiques sont formulées souvent à l'oral sur un mode interrogatif : *« Le nom du produit n'est-il pas trop long ? »*. Toujours reformulées ensuite dans les comptes rendus de type 1 et 2, très proches de l'opinion de chacun, celles-ci sont généralement absentes des comptes rendus plus synthétiques. Elles pourraient même être troublantes lorsque la décision prise est finalement très différente des suggestions émises. En lisant vite, en effet, certaines personnes peuvent par erreur retenir en décision une simple proposition. À part cas particulier, en l'occurrence lorsqu'il serait maladroit d'éliminer la suggestion de quelqu'un. Les deux derniers comptes rendus (synoptiques de type 4 et 5 retiendront exclusivement les décisions prises, pourtant nées de propositions, non reportées dans le texte).

L'étape des propositions est donc souvent absente, lors de la reformulation écrite, afin de retenir exclusivement les résultats en découlant (décisions et/ou actions). Une nuance est cependant à apporter. Il est indispensable de retranscrire par écrit les propositions quand aucune décision n'est prise ce jour-là, l'action tournera alors autour de l'approfondissement des suggestions émises.

La décision, tête pensante des comptes rendus

Décisions

De l'ordre du présent de la réunion, la décision est d'ordre intellectuel. Elle précède toute forme d'action. Une décision est prise au cours d'une réunion mais elle peut, bien entendu, concerner des événements futurs (*la décision est prise le 22 avril de créer un poste d'hôtesse à partir du 2 mai*). Cette décision sera pourtant enregistrée dans la rubrique « décisions ». En effet, une fois cette décision prise, nul ne reviendra dessus dans le futur. La décision est généralement le fait d'un consensus de groupe (votes éventuels) mais peut également être l'initiative d'un supérieur hiérarchique se responsabilisant seul sur celle-ci ou marquant par là son autorité. Il survient aussi qu'elle soit sous-entendue :

Problème de rambarde de sécurité

L'action est de suite engagée : *Changer la rambarde.*

Décision et action se superposent. Dans le compte rendu, seule l'action à mener est retenue dans ce cas.

20

L'action comme volonté opérationnelle

Les actions ou suites à donner s'effectueront dans le futur immédiat ou plus lointain de la réunion, voire très proche, dans le cas où celles-ci doivent être opérationnelles très vite après la réunion. Elles sont d'ordre concret par comparaison avec la décision. Par ailleurs, il faut noter que d'une seule décision peuvent découler plusieurs dizaines d'actions :

Décision :

Création d'un poste d'hôtesse.

Actions pouvant en découler :

- *étudier le meilleur emplacement pour situer le poste,*
- *rechercher une personne compétente pour assumer ce poste,*
- *contacter un tailleur pour commander un uniforme adéquat,*
- *définir les fonctions exactes de ce poste,*
- *commander un bureau design pour l'hôtesse,*
- *évaluer le coût de ce poste,*
- *étudier le meilleur moment pour le début de cette action,*
- *informer le personnel de leurs obligations par rapport à ce poste, etc.*

Il est efficace, dès la demande de l'action, de nommer expressément dans le texte le responsable de celle-ci afin de le responsabiliser vraiment. Cependant, si la volonté est très opérationnelle, il faut également noter les dates butoirs de réalisation.

Votre joker d'efficacité : les détails de fonctionnement

Plus on martèle aux rédacteurs de comptes rendus « Faites synthétique », plus ces personnes éliminent les détails associant l'acte de synthèse au souvenir scolaire des résumés, quand il fallait éliminer tous les détails. Cette attitude est logique. Or, dans un compte rendu, même de synthèse, le détail de fonctionnement persiste à être fondamental. Par exemple, s'il est dit dans la rubrique Action : « *Tous les formateurs doivent prendre la clé de leur salle dans le bureau 112* ». Si ce détail, en apparence anodin, est omis dans le compte rendu, la confusion est assurée un matin à l'entrée du centre de formation quand les 20 formateurs vont errer à la recherche de la clé de leur salle avec leurs 200 stagiaires !

Les informations à communiquer, mal gérées, peuvent être les grains de sable qui enrayent la bonne restitution du contexte, des propositions, des décisions ou actions à mener. À vous d'avoir l'intelligence d'en mesurer la portée pratique…

Retenez donc bien les quatre ancrages définis ci-dessus, véritables cartes, atouts de vos comptes rendus. N'oubliez pas non plus la carte « joker » qui, elle, regroupe toutes les informations susceptibles de bien huiler les rouages de fonctionnement de la structure concernée.

chapitre 4

Comment prendre des notes utiles ?

La prise de notes, comme le compte rendu, a rarement été enseignée. À partir de l'entrée au lycée, les professeurs ne dictent plus, ils demandent à leurs élèves de prendre désormais des notes, mais rares sont ceux qui donnent alors des conseils méthodologiques approfondis. Chacun va donc dès l'adolescence se forger une façon de faire personnelle : notation de bribes de phrases captées au vol ou, dans une volonté plus synthétique, mots clés reformulant une partie des propos. Les dérives sont multiples : trop de notes, notes mal prises, notes trop succinctes…

Par observation de l'existant, on remarque la présence de deux grandes méthodes, la première est naturelle, la seconde est généralement acquise.

Prendre des notes linéaires à l'ancienne

La prise de notes linéaire est la plus traditionnelle : 90 % des personnes notent de cette manière. Sans initiation spécifique à la prise de notes, elles suivent en effet logiquement le rythme de l'écrit. Lors d'une réunion, le texte pris en notes met alors au même niveau les informations de teneur différente : contexte de chaque point à l'ordre du jour, décision prise et actions à mener. Certains, par souci de clarté, utilisent un surligneur pour mettre en valeur certains passages. Les notes sont alors un peu plus faciles à exploiter ensuite, l'initiative est donc intéressante, mais ce n'est pas encore une approche complètement performante.

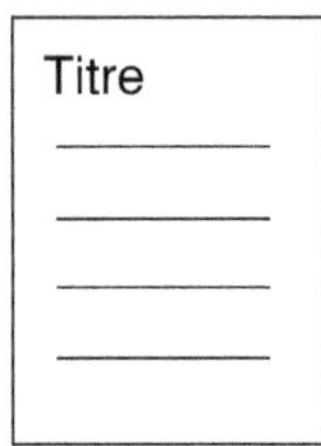

Le texte est pris en notes sur la page utilisée en format portrait.

Les notes en tableau pour davantage de performance

Prendre des notes dans un tableau en trois colonnes est la méthode à retenir pour les réunions. Le classement des notes sera effectué par le rédacteur en cours de réunion, grâce à l'aide visuelle des colonnes. L'écoute en est alors renforcée. En effet, c'est un véritable travail d'insérer au bon endroit, au sein des colonnes, les informations retenues.

Il est en outre plus facile de rédiger ensuite à partir d'un texte dont les ancrages de sens sont déjà visuellement très structurés. Selon le choix effectué la prise de notes s'appuiera sur la sténo (compte rendu de type 1) ou des mots clés (pour les autres). Dans presque tous les cas, les tableaux synoptiques faciliteront votre prise de notes.

Cette méthode de prise de notes sur des grilles préétablies a prouvé son efficacité, même dans les cas où le type de compte rendu choisi est un texte rédigé de manière traditionnelle. Ces grilles sont, en fait, un sup-

24

port rigoureux permettant de renforcer la vigilance intellectuelle du rédacteur. L'écoute devenue plus active, plus intense, par l'effort d'organisation des notes, la mémorisation du débat en sera alors plus forte. Il sera plus aisé par la suite de reformuler.

De plus, l'utilisation permanente de mots clés au lieu de phrases complètes, captées directement sur l'oral, aura déjà amorcé l'acte de synthèse.

Grâce à cette approche, les sujets/acteurs humains deviennent secondaires pour une mise en valeur des faits. Des noms de personnes peuvent, bien entendu, être retenus mais seulement pour indiquer un désaccord, une marginalisation, une responsabilité individuelle ou tout simplement la volonté tactique de mettre en valeur une personne.

Seuls les 1er et 2e types de comptes rendus réclament de noter systématiquement le nom des intervenants car chaque opinion personnelle doit apparaître au sein de ceux-ci.

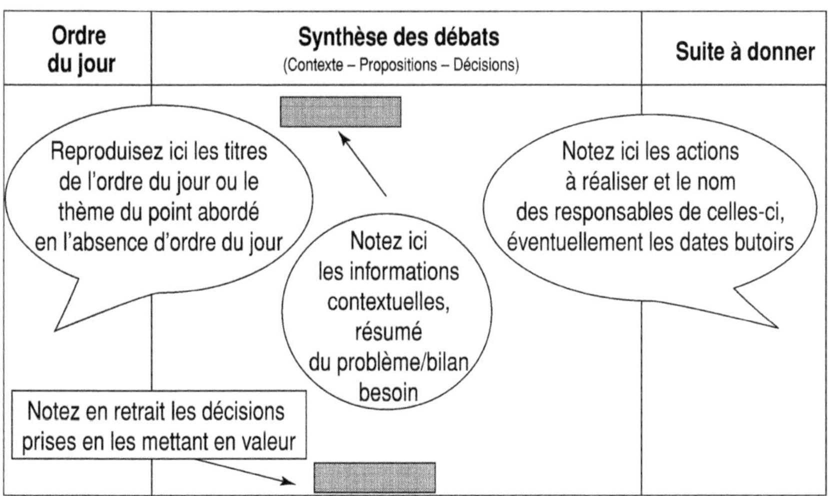

Les notes sont prises sur la page en format paysage pour mieux exploiter le contenu des colonnes.

Comment prendre ses notes dans le tableau ?

L'avantage de prendre des notes dans un tableau est de contraindre le preneur de notes à beaucoup de rigueur intellectuelle.

1	**Colonne de gauche** Insertion des titres	Cette colonne reprend les titres de l'ordre du jour. En revanche, en cas d'absence d'ordre du jour, le texte des notes sera alors réorganisé *a posteriori* sous des titres. La colonne prendra alors pour titre « Thèmes abordés ».
2	**Colonne centrale** Mots clés centrés sur des (noms communs)	Cette colonne, la plus large, reprendra trois aspects : **le bref résumé du contexte** du point précis traité à l'ordre du jour avant tout travail de réflexion en groupe, **éventuellement les propositions** émises par les participants et impérativement **les décisions prises**. Il sera ensuite habile de détacher matériellement les décisions en les mettant en valeur par un gras ou un italique par exemple.
3	**Colonne de droite** Mots clés centrés sur des verbes à l'infinitif	Cette colonne sera réservée **aux actions à mener** (suites à donner). Il sera en outre très efficace de mentionner les responsables des actions afin de fortement les responsabiliser. Dans certains cas les dates butoirs seront également précisées pour renforcer la rigueur d'avancement du planning.

Le mot clé au service de la prise de notes efficace

Une prise de notes efficace retient, en mots clés, les noms, porteurs de l'idée. Seront éliminés les sujets et les verbes conjugués :

Pour des informations liées à la notion de bilan

Oral	Écrit
Nous avons organisé une réunion d'information destinée aux salariés.	**Réunion d'info** organisée pour salariés.

Il est donc primordial de repérer, lors de l'écoute ou de la lecture, **le nom**, mot sur lequel se centralisent les résultats de tous les actes passés ou présents.

En revanche, quand il s'agira de retenir des actions futures à entreprendre, **le verbe à l'infinitif** guidera, dans ce cas, la prise de notes.

Dans le cas d'une action à mener

Oral	Écrit
Il faut organiser une réunion d'information destinée aux salariés.	**Organiser** réunion d'info pour salariés.

Dans le cas d'une proposition, le nom commun reprendra sa position en tête de phrase, il sera alors suivi du verbe à l'infinitif :

Dans le cas d'une proposition

Oral	Écrit
Il est nécessaire d'organiser une réunion d'information pour les salariés.	**Nécessité organiser** réunion info pour salariés.

Le style de la prise de notes sera donc télégraphique et seront écartées toutes les phrases composées d'un sujet et d'un verbe conjugué. L'objectif est d'éliminer toute redondance afin de centrer la pensée et la mémorisation sur les contenus.

Il est reconnu, par ailleurs, que toute démarche de synthèse joue sur les volumes, seules sont retenues les idées-forces. En effet, lors d'argumentations, seules les idées-forces clés chapeautant l'argumentation seront retenues.

Cette forme de prise de notes élimine l'enveloppe du brillant d'expression : la prise de notes est centrée sur le contenu. Il ne s'agit pas de retenir une bonne formule. Comme des pierres clés, assises de la pensée, quelques mots aux contenus essentiels vont donc être juxtaposés.

Une prise de notes de ce type comporte environ deux à huit mots pour exprimer une seule idée. Cependant, dans le cas de grande maîtrise d'un sujet ou d'une excellente mémoire, un seul mot pourrait suffire. À chacun de juger de ses capacités à rebondir sur son propre volume de notes : « Ai-je trop noté ou pas assez ? »

Le schéma suivant permet d'avoir une vision d'ensemble du type de mots généralement retenus lors d'une prise de notes par mots clés.

Prise de notes pour les bilans : Passé - Présent

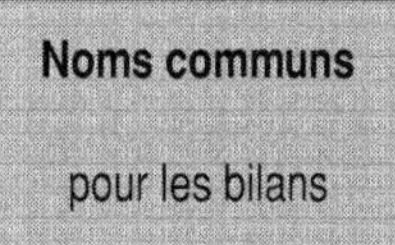

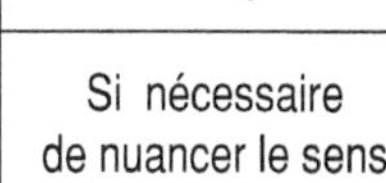

Prise de notes pour les actions à entreprendre : Futur

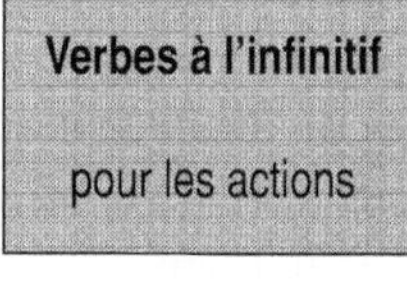

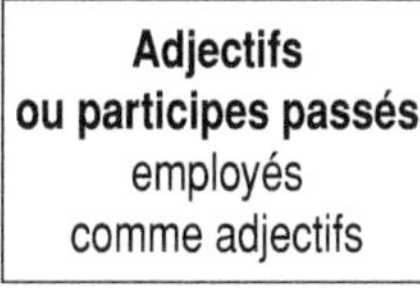

Respectez une unité grammaticale lors de vos prises de notes

Il faut noter que la pensée hiérarchise mieux les idées quand la comparaison porte sur des mots exprimés sur la même base grammaticale (noms ou verbes à l'infinitif enchaînés). Pour cette raison, les présentations visualisées en hauteur utilisent déjà ce procédé.

Exemple de prise de notes avec unité grammaticale des têtes de phrase

Dossier :
- *fiche signalétique*
- *test de logique*
- *photo d'identité*

Nécessité de :
- *transmettre doc ensemble des services*
- *vérifier dossiers clients*
- *utiliser TIC*

Réflexions sur le passage obligatoire de l'oral à l'écrit

À l'aide du schéma de la page 32, il vous sera aisé de constater que pour transmettre un même contenu il faut se débarrasser progressivement, à l'écrit, de beaucoup d'éléments liés à la redondance de la forme.

L'oral sera nécessairement plus volumineux. Pour choisir une comparaison matérielle, l'oral serait un peu comme du chocolat au lait (parfois très laiteux voire blanc, quand il est très redondant !) et l'écrit serait du chocolat noir (souvent très dense, parfois 100 % chocolat dans le cas des comptes rendus synoptiques de type 5 sous forme de tableaux) ! La difficulté est de saisir comment conduire son expression vers l'élimination du « lait », devenu désormais inutile lors de la rédaction d'un document très synthétique.

Densité des contenus émis lors des exposés

Cette densité, vous l'avez déjà perçue lors de certains exposés durant lesquels l'orateur, souvent débutant ou timide, lit son texte devant son public. Soudain, votre prise de notes s'est révélée un acte très difficile. Vous aviez conscience de l'importance de ce qui était dit, envie de beaucoup noter et vous n'en aviez pas le temps. Il vous semblait que votre pensée ne parvenait plus à suivre le rythme des mots entendus. Celle-ci ne semblait plus capable de « digérer » le contenu émis.

Pour cette raison, il est conseillé de ne jamais écrire de phrases complètes lors d'un exposé afin de se donner la chance de développer sa pensée autour de mots clés (les seuls notés) et d'être ainsi accessible à tous.

Prendre des notes à partir d'un véritable oral est plus aisé. En effet, des temps de repos sont ménagés par le « lait » (redondances – répétitions – redites). Or, les réunions sont des situations où les personnes s'expriment la plupart du temps dans ces conditions (à part le cas ponctuel de lecture de notes entièrement rédigées ou lors de réunions aux contenus très bien préparés).

Comparaisons entre l'oral et l'écrit des comptes rendus

Oral	Écrit n° 1	Écrit n° 2	Écrit n° 3	Écrit n° 4	Écrit n° 5
• Délayage • Redondances • Répétitions • Redites • Expression parfois trop relâchée • Expression parfois trop soutenue • Incohérences possibles • Absence possible de plan d'ensemble des interventions • Liaisons parfois sous-entendues • Différences de niveau entre les interventions • Exemples très développés	• Élimination des redondances • Suppression des répétitions • Traduction de l'expression orale en langage écrit	• Reformulation en langage écrit • Formulation de synthèse pour chaque intervention • Même valeur accordée à tous	• Synthèse des interventions • Cohérence d'ensemble • Exigence de reconstructions • Élimination du superflu	• Formulation encore plus synthétique • **Découpage par colonnes** pour faciliter la compréhension • Phrases très ramassées avec sujets et verbes conjugués	• Formulation toujours plus synthétique grâce à l'absence de sujets et verbes conjugués • **Découpage par colonnes**

Image – Oral : chocolat au lait
(voire chocolat blanc)

Image – Écrit : chocolat noir
tendant vers la densité la plus grande

chapitre 5

Reporter fidèlement
des échanges oraux en réunion
Le compte rendu de type 1

Au cours de ce livre, le texte de l'oral de réunion ci-dessous, sera utilisé plusieurs fois comme base de travail pour être décliné en plusieurs types de comptes rendus au cours des prochains chapitres. Cette réunion est un prétexte pour dégager les lois inhérentes à chaque type de document. Les conseils qui en découleront sont bien entendu valables pour tous vos futurs contenus. Il sera ainsi plus facile, par le même exemple, d'en comprendre les différences en s'appuyant sur cette même base de contenu. Cette dernière est simple à comprendre, l'objectif étant de centrer l'attention sur les méthodes et conseils et non sur la teneur spécifique d'un contenu, forcément toujours variable.

Le compte rendu de type 1 : enregistrement par écrit de l'expression exacte de l'oral

Nous allons d'abord observer et commenter un oral comportant deux points à l'ordre du jour et une question non prévue à celui-ci. Nous nous poserons, tout au long du texte, des questions sur les éléments à retenir par la suite pour les autres comptes rendus. Nous repérerons également les tournures à éliminer ou à reformuler. Cette sténotypie de réunion pourrait être quasiment le texte du compte rendu de type 1 qui est la retranscription d'un texte pris en sténo. Toutefois, ce type de compte rendu peut être également légèrement reformulé (quand les phrases sont inachevées, lors de répétitions...). Ce choix dépend de la volonté du commanditaire. En effet, il peut s'agir de retrouver l'exactitude précise de la forme des propos réellement tenus (pour analyser par exemple des niveaux de langue ou pour enregistrer une déclaration très précise lors d'une déclaration de type procès verbal).

Réunion de coordination de service
(15 mars 2005)

**Fabricant de matériel de conditionnement
liste des participants**

Muriel Lagher	: Responsable du département (animatrice de la réunion)
Luce Daumier	: Secrétaire
François David	: Service comptabilité
Francis Duprat	: Responsable du service commercial
Julie Vertin	: Responsable de la communication
Max Zetin	: Responsable de la sécurité

Texte de l'oral	Commentaire
Muriel Lagher Nous allons nous réunir aujourd'hui assez brièvement car nous devons participer à 11 h à la réunion générale du Groupe. C'est pour cette raison que nous avons mis seulement deux points à l'ordre du jour : le lancement de notre nouveau produit *Isotoutpetit* auprès de nos plus **gros** clients et le règlement des problèmes liés à des vols de matériel.	Reformulation systématique des expressions de langage parlé quand on passera au compte rendu. Jamais de tutoiement dans les écrits professionnels, sauf sur les messageries électroniques
Tout d'abord, Julie, **peux-tu** nous parler de ce que tu as prévu pour le lancement d'*Isotoutpetit* ?	**Description du 1er contexte**
Julie Vertin Je ne sais pas si tout le monde connaît ce nouveau produit qui permet d'isoler les aliments dans le réfrigérateur sans trace d'humidité à l'intérieur de la boîte ? Sa formule présente de plus l'originalité d'être modulable car repliable selon les besoins. C'est très pratique, cela permet de ne plus avoir plusieurs boîtes de dimensions différentes qui encombrent vos placards de cuisine et votre frigo.	L'oral est dans une expression relativement relâchée. Les mots choisis sont peu recherchés. Des répétitions parsèment le texte sans complexes !
Luce Daumier C'est en effet super pratique aussi pour les pique-niques ! Plus besoin de transporter des boîtes encombrantes dans son sac à dos !	La description se dilue toujours à l'oral !
Julie Vertin Je souhaite organiser un petit déjeuner avec nos meilleurs clients pour leur présenter le produit ! Ce seront surtout des responsables des achats. On pourrait inviter aussi deux ou trois journalistes. Je prévois une cinquantaine de personnes	
Max Zetin Oui, ce serait bien. Quand démarre la campagne de pub officielle ?	
Luce Daumier Le 6 avril prochain, par des spots télé et des pubs dans des magazines professionnels, pour toucher à la fois le grand public et les spécialistes. C'est une campagne qui nous coûte cher mais qui devrait avoir un impact sur notre image.	**Proposition**

Texte de l'oral	Commentaire
Max Zetin Le **nom est pas** trop long ? **Luce Daumier** On a bien étudié notre cible et on communique avec un personnage que l'on voudrait rendre aussi familier que le Marsupilami. C'est un petit mille-pattes à la tête très rigolote ! vraiment très sympa ! Nous aurions besoin que vous nous aidiez à organiser le petit déjeuner qui devrait avoir lieu le 6 avril. Max, tu peux faire quelque chose ?	Jamais de pronom « on » dans les écrits professionnels même si l'oral les a utilisés. Oubli de la négation non repris à l'écrit
Max Zetin Je peux m'occuper bien sûr de toute la logistique : installation du matériel (tables, chaises, buffet...). Luce, peux-tu t'occuper du traiteur car **je suis pas au top** pour ces choix-là ?	**Décision d'action**
Luce Daumier Sans problèmes. On m'a d'ailleurs conseillé un nouveau traiteur. Un jeune qui vient de créer son entreprise et qui propose des produits originaux, quelques spécialités étrangères, dont un petit gâteau portugais ! un vrai délice ! En plus, il n'est pas trop cher ! Ses présentations de buffet sont super jolies. Il a un goût très sûr !	Faute de français de l'oral (oubli de la négation qui ne sera jamais reportée dans un écrit)
François David Tu ne pourrais pas réduire les coûts en demandant de faire quelque chose au chef de notre restaurant ?	Le langage oral est relâché et délayé. L'écrit devra donc être une reformulation. Nous sommes à nouveau sur le contexte.
Luce Daumier À non ! Je ne veux pas recommencer ce genre de prestation ! La dernière fois, il a fallu que je fasse signer une tonne de papiers pour une prestation au final très banale, du type croissant, jus d'orange, café et thé ! J'estime que pour ce lancement, il faut faire beaucoup mieux ! Quitte à ce que cela coûte un peu plus cher ! Je ne sais pas ce que vous en pensez ?	**Proposition**

36

Texte de l'oral	Commentaire
Julie Vertin Tu as raison – On ne peut plus se permettre de proposer la même prestation que les petits déjeuners des stages de formation ou d'un accueil ponctuel client. Déjà qu'on fait maintenant l'économie d'un déjeuner à midi !	**Décision**
Approbation des participants **Julie Vertin** **On** se charge Lucie et moi de contacter le traiteur, de le réserver pour le 6 et d'envoyer les cartons d'invitation. Pouvez-vous me lister vos souhaits d'invitations supplémentaires en complétant la liste de la dernière fois que vous avez dû tous conserver ? **Francis a peut-être des exigences commerciales que je ne cerne pas ?**	**Action** Forme interrogative à partir d'une affirmation, jamais reprise à l'écrit sous cette forme. Dans les comptes rendus (2-3-4-5) les interrogations sont toujours indirectes
Francis Duprat Je vais y réfléchir. Je t'envoie ma liste en début de semaine prochaine.	**Action**
Muriel Lagher : J'aurai sans doute aussi quelques noms à rajouter. Je te les enverrai aussi en début de semaine. Plus rien à dire sur ce sujet ?.... On passe donc au second point à l'ordre du jour. Il faut qu'on règle très vite ces problèmes de vol. Max, résume le problème.	**Action**
Max Zetin Oui, Sébastien Dubois,qui est responsable du matériel vidéo et de l'informatique, m'a alerté depuis déjà un mois à propos de plusieurs vols récents : un vidéo-projecteur, deux micro-portables et un grand écran plat ! ce n'est pas anodin tout de même !	**Autre contexte**
François David Nous n'avions jamais eu de vol de cette ampleur jusqu'à présent. En effet, ces vols sont quand même estimés à environ 5 000 euros !	

Texte de l'oral	Commentaire
Max Zetin En plus, ces vols ont eu lieu dans la journée, à un moment où certains auraient pu voir quelque chose. Il est vrai que la circulation est constante sur les 11 étages. Le barrage se fait en bas, par la société de gardiennage, mais les étages sont libres et nous sommes quand même 7 sociétés à occuper cet immeuble !	Description du contexte
Max Zetin Ces vols ont eu lieu à un mois d'intervalle environ. Ce matériel provenait de trois salles de formation, ouvertes dans la journée, seulement fermées le soir.	
Julie Vertin Et dire que je n'ai jamais rien vu ni entendu ! Mon bureau est pourtant à côté d'une des salles de formation, pas loin des autres non plus… et ma porte est presque toujours ouverte. **Je supporte pas** de la fermer ! Je suis un peu claustrophobe ! J'aurais dû voir quelque chose… mais je vous assure je n'ai rien vu de suspect ! Il est vrai que je ne lève pas le nez toutes les 5 minutes !	Encore une négation oubliée à l'oral !
Luce Daumier **Tu rigoles !** Quand tu téléphones, tu es tellement concentrée que je pourrais passer **en faisant la roue dans le couloir** que tu ne remarquerais rien ! En plus, trêve de plaisanterie ! tu sais, c'est facile de ne rien voir actuellement. Il suffit de ranger ce matériel dans une grande besace, ni vu, ni connu ! surtout pour la dernière génération de micro-ordinateurs extra plats ! Autrefois, il fallait de grands sacs de sport, pas du tout discrets, pour transporter ce type de matériel, bientôt il sera transportable dans sa poche ! Il faut peut-être prendre des mesures.	Humour jamais repris dans un compte rendu, sauf volonté de ton ponctuelle
Max Zetin C'est tout simple, il suffirait de mettre une porte avec code pour les salles de formation.	**1re Proposition**

Texte de l'oral	Commentaire
Luce Daumier Oui, mais tout le monde finirait par savoir le code !	
Max Zetin Il suffirait de le changer tous les mois !	
Julie Vertin C'est un peu compliqué de le changer souvent, imagine quand on a besoin de la salle de réunion pour un rendez-vous avec un client, il faudrait toujours se tenir informé du code. **C'est un peu prise de tête !** Ne vaudrait-il pas mieux que l'on y accède avec un badge ? Au moins, on serait sûr que seuls les membres de notre société y auraient accès. Cela limiterait certainement les dégâts !	Expression de langage parlé ! **2ᵉ Proposition**
Max Zetin Oui, vous avez raison Julie. Il me semble que c'est une solution pratique et rationnelle, pas complètement fiable pourtant mais on a quand même pas mal confiance dans notre personnel. On pourrait tenter cette formule. Qu'en pensez-vous ? Les participants : oui, on pourrait essayer.	**Décision**
Max Zetin Qui veut se charger de la recherche de la société pour sécuriser ces salles par le biais d'un badge et nous faire une première estimation des coûts ?	
François David Je veux bien m'en charger, cela ne doit pas être trop compliqué et au moins je saurai contrôler les coûts !	**Action**
Luce Daumier C'est sûr, on peut te faire confiance sur ce point !	
François David Dis de suite que je suis radin !	argot, jamais repris !
Luce Daumier Mais pas du tout, tu es notre comptable préféré !	Ton badin, jamais ensuite retranscrit à l'écrit !

Texte de l'oral	Commentaire
Max Zetin Bon, François, tu te charges de cette recherche et des devis pour le mois prochain. J'aimerais bien qu'on prenne une décision sans plus tarder avant que tout le matériel disparaisse !	Action
Muriel Lagher Comme nous sommes tous conviés à la réunion de 11h et qu'il reste très peu de temps, nous allons exceptionnellement terminer cette réunion plus tôt que d'habitude. Souhaiteriez-vous quand même soulever des questions non prévues à l'ordre du jour ?	Les questions diverses sont toujours retranscrites, mais dégagées nettement de l'ordre du jour dans le compte rendu
Luce Daumier Certaines personnes m'ont demandé des renseignements sur les VAE (validation des acquis professionnels). Il serait peut-être bien que l'on approfondisse la question ?	Question
Muriel Lagher J'y suis très favorable. En effet, c'est une démarche très motivante qui peut dynamiser des équipes ! François, pourriez-vous vous renseigner et constituer un dossier des organismes qui sont accrédités à ce sujet ? J'aimerais bien lancer au moins une procédure cette année. Cela pourrait **faire boule de neige** ! Bon je crois qu'il faut maintenant terminer car il est presque 11h et on risque d'être en retard.	Action Expression de langage parlé, jamais reprise ensuite à l'écrit.

Ce compte rendu pourrait être, dans certains cas un peu remaniés, un compte rendu de type 1. Ce dernier est le seul texte proche d'une prise de notes en sténographie. En effet, le texte de ces comptes rendus est peu éloigné de la forme utilisée à l'oral. Cependant, il est forcément long, fastidieux à lire, sans aucun filtrage de forme. Deux heures de réunion peuvent représenter quarante pages de texte ! Toutefois, il présente l'avantage d'offrir l'intégralité des débats, en style direct, dans une expression très voisine de l'oral.

Ce type de compte rendu est cependant indispensable pour retranscrire exactement des propos du type déclaration, aveux… situations où les risques pris par une reformulation pourraient entraîner de graves conséquences juridiques. Il est également utilisé dans les réunions très officielles pour retranscrire avec exactitude l'atmosphère des débats. Dans la situation d'une réunion de service, il serait absurde. En revanche, dans le cadre d'une conférence, dont les thèmes sont préparés à l'avance, ce style de compte rendu peut retranscrire la vie des débats et être relativement agréable à lire par l'impression donnée d'être véritablement en prise directe avec la réalité. On peut le rencontrer dans des situations où il est le moyen d'analyser de manière exhaustive les contenus d'un oral ainsi que la forme choisie pour s'y adapter. Par exemple, dans le monde de la radio, quand il s'agit ainsi de retenir par écrit les questions des auditeurs.

Ce document devient toutefois rapidement fastidieux quand l'intention de l'auteur n'est pas centrée sur la forme du texte. Il est alors à déconseiller vivement. Or, souvent, l'objectif des comptes rendus de réunion est axé sur le fond plutôt que sur la forme. Ce document volumineux n'est pas alors d'une grande efficacité pour communiquer l'essentiel. De plus, le destinataire doit, seul, faire l'effort de synthèse.

Affiner la forme en reformulant un peu

Il est possible également dans la situation de ces retranscriptions nécessaires de propos exacts pris en sténo de reformuler un peu, pour dégager le texte des redondances de l'oral, de ses répétitions de mots, d'une langue aux constructions plus maladroites. Voici ci-dessous comment le même début de texte aurait été traité selon ce principe.

Observez combien le texte est proche de l'oral initial de la page 35 par sa construction, ses développements, ses répétitions… Le texte se présente comme une pièce de théâtre. Les intervenants sont nommés et s'expriment en style direct :

Muriel Lagher

Nous allons nous réunir aujourd'hui assez brièvement car nous devons participer à 11 h à la réunion générale du Groupe. **Dans cet objectif**, nous avons mis seulement deux points à l'ordre du jour : le lancement de notre nouveau produit *Isotoutpetit* **auprès de nos clients les plus importants** et le règlement des problèmes liés à des vols de matériel. Tout d'abord, Julie, **pouvez-vous résumer ce que** vous avez prévu pour le lancement d'*Isotoutpetit* ?

Julie Vertin

Je ne sais pas si **chacun** connaît ce nouveau produit qui permet d'isoler les aliments dans le réfrigérateur sans trace d'humidité à l'intérieur de la boite ? Sa formule présente de plus l'originalité d'être modulable car repliable selon les besoins. C'est très pratique. **Ce nouveau produit offre l'avantage** de ne plus avoir plusieurs boîtes de dimensions différentes qui encombrent vos placards de cuisine et votre réfrigérateur.

Luce Daumier

C'est en effet **très pratique également** pour les pique-niques ! Plus besoin de transporter des boîtes encombrantes dans son sac à dos !

Julie Vertin

Je souhaite organiser un petit déjeuner avec nos meilleurs clients pour leur présenter ce produit ! Il s'agira surtout de responsables des achats. **Il serait intéressant également** d'inviter aussi deux ou trois journalistes.

Le texte est, comme vous le constatez, légèrement modifié par rapport au texte brut précédent en faveur d'une traduction en langage écrit. Le tutoiement est toutefois éliminé dans cette version épurée (qui n'aurait jamais été utilisée dans une réunion aussi décontractée), les mots de langage parlé sont reformulés, les constructions affinées…

Commentaires critiques sur les comptes rendus de type 1

Il est généralement maladroit d'utiliser ce type de compte rendu en situation professionnelle classique (réunions), comme c'est le cas dans l'exemple ci-dessus. Quand on le rencontre pour des réunions de coordination, il s'agit la plupart du temps d'une « erreur technique » : les rédacteurs ou les prescripteurs de ce compte rendu n'ayant pas approfondi la réalité concrète de cette commande. En effet, au premier degré de réaction, il paraît logique d'enregistrer en sténo des propos pour les retranscrire à l'écrit dans leur forme la plus exacte.

Or, ce type de compte rendu présente plusieurs inconvénients majeurs :

❑ **reproduire les maladresses de l'expression orale,** normales dans une situation improvisée où l'on travaille sans filet ;

❑ **entraîner des répétitions,** l'oral étant moins structuré que l'écrit pour la même raison qu'au-dessus ;

❑ **reporter une expression trop délayée,** l'oral étant toujours plus développé qu'un écrit pour une meilleure perception du message dans ce contexte (syndrome du chocolat au lait, voire du chocolat blanc !) ;

❑ **produire un texte trop volumineux,** l'écrit est en effet le moment privilégié de la synthèse, le lecteur généralement pressé ayant besoin d'aller à l'essentiel.

Quelques situations imposent sa présence

- ❑ Quand les différents participants sont de mauvaise foi et contestent la moindre reformulation de leurs propos, il est habile de l'utiliser pour prévenir toute contestation.

- ❑ Quand une étude doit être effectuée sur la forme orale des propos émis.

- ❑ En situation d'enregistrement de propos ayant une répercussion juridique (déclarations, aveux…).

Les deux extrêmes par l'observation

Observez l'efficacité du même texte traité en tableau sur la page suivante sous la forme type 5 (vous le retrouverez dans le chapitre consacré à cette forme de compte rendu p 75). Sa facilité de lecture vous permettra d'ailleurs de prendre en compte rapidement des contenus de cette étude de cas. En effet, c'est ce même texte qui sera décliné aux cours des pages suivantes sous le vêtement des autres types de compte rendu.

44

Le même contenu sous forme de tableau synoptique !

Ordre du jour	Synthèse des débats	Suite à donner
Organisation d'un petit déjeuner	Lancement de la nouvelle boîte étanche, *Isotoupetit* Description du produit : boite modulable et rétractable après emploi, pratique pour le rangement et pour les déplacements. Cible double : grand public et spécialistes. Publicité à partir de spots télé et de magazines professionnels. Communication par le biais d'un petit mille-pattes *Isotoupetit*. Petit déjeuner de lancement prévu avec les clients importants et journalistes, le 6 avril prochain, jour de démarrage de la campagne de publicité. **Choix d'un nouveau traiteur.**	Assurer la logistique du petit déjeuner. **(Max Zetin)** Contacter le traiteur et lancer les invitations aux 50 personnes prévues. **(Luce Daumier et Julie Vertin)** Transmettre la liste supplémentaire d'invités avant le 25 mars prochain. **(Muriel Lagher et Francis Duprat)**
Problème de vol de matériel Estimation des coûts des objets volés évaluée à environs 5 000 euros	Annonce d'un problème de vol de matériel, ayant eu lieu de jour dans trois salles de formation, à un mois d'intervalle. **Mise en service d'un système avec badge d'accès aux salles de formation.**	Rechercher la société susceptible de mettre en place ce système et demander un devis avant le 15 avril prochain. **(François David)**
Questions diverses	Certaines personnes sont intéressées par des renseignements concernant la VAE (Validation des Acquis d'Expérience). Un avis favorable est émis, par Muriel Lagher, sur cette démarche d'évolution personnelle. *Réunion terminée exceptionnellement à 11 h.*	Recueillir des renseignements sur les procédures de VAE auprès des organismes accrédités afin d'engager une première démarche de ce type au cours de l'année civile. **(François David)**

chapitre 6

Mettre en valeur les opinions de chacun

Le compte rendu de type 2 ou procès-verbal

Beaucoup distinguent difficilement le procès-verbal du compte rendu, pensant même qu'il s'agit là de deux documents très différents.

Différence entre compte rendu et procès-verbal

La différence est très simple, le procès-verbal est en fait un compte rendu littéral reformulé, comme le compte rendu ci-après, mais obligatoirement relu par chaque participant. Il est éventuellement modifié après leurs suggestions, validé ainsi avant diffusion par tous les présents, avec signature ou non. En effet, il arrive souvent que ce type de compte rendu soit appelé procès-verbal par des structures professionnelles, sans systématiquement être signé par les participants. En effet, leur simple validation avant diffusion est, dans ce cas, considérée comme une reconnaissance de l'exactitude des propos émis.

Quand il n'est pas validé par les participants avant diffusion, ce même texte est appelé compte rendu. Il s'agit alors d'un compte rendu littéral reformulé de type 2 dans notre tableau de la page 8.

Caractéristiques du compte rendu littéral reformulé de type 2

Procès-verbal ou compte rendu littéral reformulé, ces deux documents se présentent par un texte, généralement sans titres, et surtout sans sous-titres. Il comporte à chaque fois le nom de l'intervenant en début de phrase, à la 3e personne (style indirect), au présent de narration :

Dominique Millet affirme que cet aspect est primordial…

L'attitude ou la position de la personne par rapport au sujet est également mentionnée :

- *désapprouve…*
- *s'indigne…*

Mettre en valeur la position individuelle des participants

L'objectif premier de ce type de document est en effet de mettre en valeur les opinions, parfois différentes, voire divergentes de chacun. Il est par conséquent souvent employé dans les situations où les responsables s'expriment au nom d'une direction, d'une équipe, d'un service ou d'un groupe (réunions entre partenaires, entre directions, avec les partenaires sociaux…).

Il permet de retranscrire fidèlement le développement d'une argumentation dans son ensemble. Ce document prend en compte et renforce par conséquent les prises de position, les contestations, les argumentations contraires. Il est donc maladroit de l'utiliser dans les situations de travail en équipe où l'objectif premier est de faire ressortir un consensus de groupe et de travailler sur les contenus et non sur la subjectivité de vision de chacun.

Méthode de prise de notes pour ce type de compte rendu

Un premier conseil serait de s'efforcer à ne pas tout noter, le défaut fréquent lors de la préparation de ce type de compte rendu étant le volume de notes prises par le rédacteur.

Il serait même conseillé, et c'est là une méthode inhabituelle, de noter sous forme de tableaux synoptiques afin d'avoir clairement à l'esprit, lors de la reformulation, les propositions, les décisions et les actions demandées. Cette méthode permet une approche plus structurée des contenus et donc une reformulation plus cohérente de l'oral initial.

Cependant, il ne faut pas omettre de noter très rigoureusement le nom des personnes lors de chaque intervention pour ne pas mélanger les opinions qui pourraient être divergentes. En effet, il s'agit de parfaitement mettre en valeur leur prise de position personnelle et l'attitude qu'ils adoptent à propos d'un sujet.

Afin de faciliter cette prise de notes, un tour de table peut être rapidement esquissé sur papier avec, en face de chaque nom, un numéro. Ce moyen vous permettra de noter plus vite, n'ayant plus à réfléchir aux initiales du nom de chacun. Ce papier, détaché des notes, sera posé à côté de vous pour favoriser une consultation rapide durant toute la réunion.

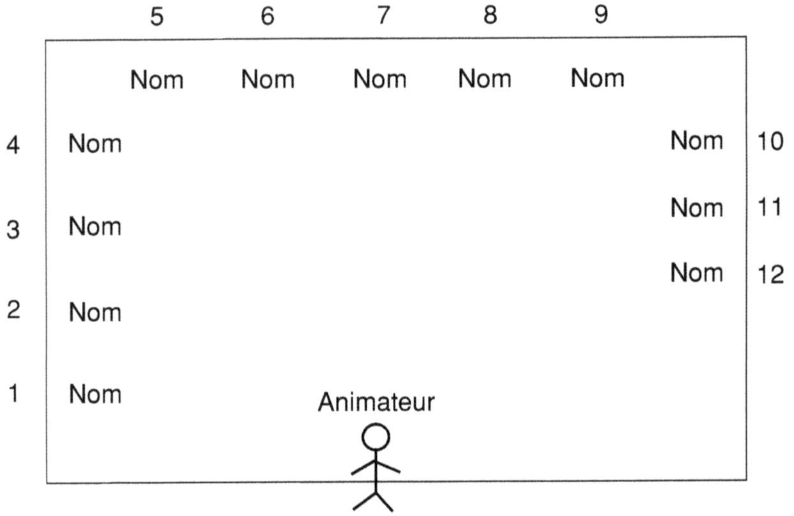

Ce tour de table numéroté est une méthode également valable pour tous les types de comptes rendus. Remarque : il est plus difficile de numéroter au-delà de 12 personnes.

Exemple de compte rendu de type 2 à propos de la même réunion

Compte rendu de type 2, littéral reformulé sur la sténotypie de la p 35.

Muriel Lagher débute la séance à 9 h 30 et présente les deux points à l'ordre du jour : le lancement du nouveau produit *Isotoupetit* et le règlement des problèmes de vol de matériel.

Julie Vertin expose tout d'abord les avantages de la nouvelle boîte étanche, sans humidité intérieure, et surtout présentant l'originalité d'être modulable et rétractable après emploi, ce qui la rend particulièrement pratique pour le rangement dans les placards et le réfrigérateur.

Luce Daumier renforce sa prise de position en démontrant que ce produit est particulièrement bien adapté au transport de pique-niques.

Julie Vertin exprime alors son souhait d'organiser un petit déjeuner avec les responsables des achats des meilleurs clients pour leur présenter ce produit en invitant également deux ou trois journalistes.

Max Zetin approuve ce projet et s'enquiert de la date de démarrage de la campagne de publicité officielle.

Julie Vertin précise que celle-ci aura lieu le 6 avril prochain par des spots à la télévision et des publicités insérées dans des magazines professionnels afin d'atteindre parallèlement le grand public et les spécialistes. Elle rappelle toutefois qu'il s'agit d'une campagne coûteuse, mais par laquelle la société espère obtenir un bon impact d'image.

Max Zetin s'inquiète alors de la longueur du nom du produit.

Luce Daumier le rassure en stipulant que la cible a bien été étudiée. De plus, le personnage publicitaire choisi pour communiquer, un petit mille-pattes, s'apparentant au Marsupilami par son côté ludique. Elle demande alors la coopération de Max Zetin pour organiser la manifestation du 6 avril.

Max Zetin accepte d'y participer mais souhaite cependant assumer exclusivement les aspects logistiques de l'installation du matériel.

Luce Daumier signale alors sa volonté de choisir un traiteur débutant dont elle a pu déjà apprécier l'originalité et les qualités de sérieux. Ses prix sont de surcroît particulièrement intéressants.

François David objecte alors de s'adresser au chef du restaurant d'entreprise pour assurer cette prestation.

Luce Daumier prend alors fermement position contre cette proposition, rappelant la lourdeur administrative rencontrée précédemment lors d'un petit déjeuner de ce type. De plus, elle souhaite proposer une prestation sortant de l'ordinaire et estime donc le jeune traiteur mieux adapté à cette exigence.

Les participants approuvent alors ce choix.

Julie Vertin s'engage ensuite, avec l'appui de Luce Daumier, à réserver le nouveau traiteur pour le 6 avril prochain et à transmettre les cartons d'invitation aux 50 personnes concernées à partir de la liste établie lors de la manifestation précédente et de lui transmettre d'éventuelles suggestions d'autres personnes.

Francis Duprat et **Muriel Lagher** proposent de lui transmettre leur liste avant le début de la semaine de la mi-mars.

Le second point à l'ordre du jour est ensuite résumé par Max Zetin. En effet, il s'agit d'un problème de vol récent de matériel, signalé depuis un mois par Sébastien Dubois, responsable du matériel vidéo et de l'informatique. Les objets volés, à des moments différents et à un mois d'intervalle, sont un vidéo-projecteur, deux micro-portables et un grand écran plat.

François David relève la nouveauté de vols de cette ampleur, la somme globale du préjudice étant estimée à 5 000 euros environ.

Max Zetin fait remarquer que ces vols ont eu lieu dans la journée, à des heures d'affluence, la sécurité de l'immeuble étant assurée seulement par le filtrage, au bas de la tour, effectué par la société de gardiennage. Or, plusieurs sociétés cohabitent dans l'immeuble. Il est donc difficile d'assurer vraiment la sécurité. Par ailleurs, le matériel dérobé provenait de trois salles de formation différentes, seulement fermées à clé le soir.

Julie Vertin s'étonne de ne rien avoir remarqué alors que son bureau est proche des salles concernées.

Luce Daumier fait remarquer que ce matériel n'est pas encombrant et peut donc être aisément dissimulé dans un grand sac.

Max Zetin suggère de régler ce problème en munissant les portes d'un code pour chaque salle de formation.

Luce Daumier n'estime pas cette mesure très fiable car il serait difficile de changer fréquemment le code d'accès en raison des problèmes liés à l'apprentissage d'un nouveau code.

Julie Vertin propose alors une solution plus pratique pour tous les membres du personnel : donner à chacun un badge d'accès aux salles de formation.

Max Zetin estime que cette solution pourrait être essayée en raison de ses aspects pratiques et fiables.

Les participants approuvent cette mesure.

Max Zetin charge alors François David de rechercher la société susceptible de mettre en place un système par badge d'entrée et de la demande de devis pour le mois prochain.

Muriel Lagher conclut alors en rappelant les contraintes horaires de la journée et demande cependant si quelqu'un souhaite poser une question supplémentaire.

Questions diverses

Luce Daumier signale alors la présence d'un groupe de personnes intéressées par des renseignements sur les VAE (Validation des Acquis d'Expérience).

Muriel Lagher émet à ce propos un avis favorable sur ce type de démarche, toujours très motivante pour le personnel. Elle demande par conséquent à François David de se renseigner à ce sujet auprès des organismes accrédités concernant la VAE et souhaite qu'au moins une démarche de VAE débute au cours de l'année civile.

La réunion se termine exceptionnellement à 11 h en raison de la programmation, ce jour-là, de la réunion générale du groupe.

Comprendre le rôle de ce type de compte rendu

Le compte rendu littéral reformulé est surtout utile pour bien saisir la position de chacun sur un sujet. Il est particulièrement adapté aux situations où les avis divergent. C'est un compte rendu percutant pour transmettre aux absents l'atmosphère d'une réunion et les opinions individualisées de chacun, voire les débats contradictoires.

Il est indispensable dans les situations au cours desquelles il est fondamental de faire ressortir les engagements des services de différentes directions ou de plusieurs représentants de différents syndicats.

Le document précédent aurait pu être traité en compte rendu de synthèse n° 3. Il aurait permis d'aller plus vite à l'essentiel mais aurait fait disparaître les positions personnelles de chacun.

Insertion artificielle de titres par souci de lisibilité

Il faut remarquer que traditionnellement ce compte rendu ne présente pas de titres, comme dans l'exemple proposé. Toutefois, de plus en plus fréquemment, ce type de document en comporte, en reprenant les titres mis à l'ordre du jour. En effet, cette approche accroît la lisibilité du texte, surtout pour les comptes rendus longs, bien que les titres apparaissent alors comme un peu artificiels au milieu d'un texte très chronologique !

Caractéristiques du compte rendu littéral reformulé

Méthodologie : prendre des notes détaillées par mots clés	
Conseils	**Commentaires**
Mettre le nom des participants en tête	Les personnes sont mises en valeur de façon très importante. L'opinion de celles-ci est l'élément dominant. Certaines personnes par souci de variété stylistique ne mettent pas vraiment en valeur systématiquement les noms propres en tête, c'est un tort.
Rédiger au présent de narration	L'utilisation du présent de narration donne davantage de vie à l'expression.

Conseils	Commentaires
Reconstruire le texte	Il est conseillé de reconstruire le texte afin d'introduire la plus grande cohérence possible au sein d'un document déjà difficile à lire par sa longueur. Le fait de synthétiser n'est pas à exclure, sauf dans le cas de participants très susceptibles n'ayant pas vraiment compris le rôle d'un compte rendu.
Éviter les « que » et « qui » plus fréquents que dans les autres comptes rendus	L'emploi des « qui » et « que » est habituel dans ce type de compte rendu. Il est en effet fréquent d'utiliser des conjonctions dans les cas d'expression d'une opinion : *je pense que...*
Insérer parfois des titres mais jamais de sous-titres	Ce texte suit la chronologie de la réunion, il n'est donc pas indispensable de créer des titres. Cependant par souci de lisibilité, quand le texte est un peu long, des titres peuvent être insérés pour rappeler les étapes de l'ordre du jour. Par contre, il n'est pas d'usage de créer des sous-titres.
Sauter une ligne à chaque intervention	Afin d'intensifier l'impact du message, il est habile de sauter une ligne entre chaque intervention, voire au sein d'une même intervention un peu longue.
Éviter de répéter trop souvent le même verbe	Ce type de compte rendu est difficile à rédiger car il nécessite de nombreux verbes conjugués transmettant l'opinion ou l'attitude de personnes : *pense que, admet, résout...* Afin de vous aider dans cette tâche, utilisez la liste de verbes de la page 103.
N'utiliser ce compte rendu que dans les cas où il est indispensable de mettre en valeur l'opinion des personnes	Il serait dommage d'utiliser une approche aussi détaillée alors que votre objectif est d'effectuer une synthèse. Vérifiez bien par le tableau de la p. 8 que vous souhaitez réellement adopter ce type de démarche.

Conseils	Commentaires
Ne pas hésiter à synthétiser et à reconstruire les interventions	Le défaut fréquent relatif à ce type de compte rendu est d'être rédigé de façon trop délayée. L'oral l'est souvent, mais ce n'est pas la peine de reproduire ce défaut à l'écrit. Un participant, relisant les moments de son intervention, ne se souviendra pas de la forme qu'il a employée pour transmettre son contenu mais seulement du message qu'il voulait faire passer.
Mettre les points forts en tête de phrase	Même si, à l'oral, le point fort est venu en conclusion, il est important de le mettre en premier à l'écrit et de donner l'explication en deuxième temps.

Aidez-vous des verbes suivants pour améliorer la qualité stylistique du compte rendu littéral reformulé

Attitudes positives	Attitudes négatives
Introduction et clôture des débats anime le débat… débute la réunion… clôt les débats… conclut les interventions par… lève la séance… résume… **Affirmation** aborde… accepte de… affirme… constate… définit… demande… donne connaissance, donne son point de vue, donne son accord de principe…	**Restriction** craint… croit nécessaire de… doute du bien-fondé de… indique… interroge… introduit… mentionne… met en évidence… objecte… oppose… précise… reproche…

56

Attitudes positives	Attitudes négatives
explicite…	s'étonne de…
explique…	tient à faire remarquer…
indique…	souligne…
indique…	soumet…
note…	**Divergence de point de vue**
précise…	critique…
présente…	écarte cet argument…
réitère sa demande…	s'élève contre…
signale…	s'entend pour…
vérifie…	fait allusion
Assurance	fait preuve…
ajoute…	fait remarquer…
appelle l'attention sur…	fait reconnaître…
apporte des précisions sur…	nie avoir…
attire l'attention sur…	objecte…
appuie son argumentation par…	réclame…
autorise…	réfute…
défend	reproche…
dirige le débat…	rétorque…
mentionne…	répond à cette critique…
met en évidence…	s'indigne…
Encouragement	sous-entend…
abonde dans ce sens…	surprend les participants…
approuve…	tolère…
corrobore	**Crainte**
croit nécessaire de…	craint…
exprime le souhait…	redoute…
invite chacun…	un différend s'élève alors sur…
propose de…	une argumentation contraire s'ensuit alors…
Concession	s'inquiète de…
admet…	émet des réticences…
adresse…	
concède…	
émet des restrictions…	

Grille type de prise de notes pour compte rendu de type 2 (littéral reformulé)
de préférence sur papier A3

Thèmes abordés	Nom des participants (par numéro)	Contenu des débats	Propositions	Décisions/Actions

chapitre 7

Comprendre en synthèse les contenus
Le compte rendu de type 3

Excellent pour renforcer l'esprit d'équipe, pour créer la cohésion d'un groupe, ce type de compte rendu est très efficace pour transmettre des contenus pour information à des personnes peu impliquées dans les sujets traités. L'effort de synthèse est effectué par le rédacteur pour les destinataires. Il les guide, par son biais, vers l'essentiel sans leur imposer les méandres des débats. Seuls les points aboutissant à une décision et aux actions à mener seront retenus sans entrer dans une description trop précise du cheminement ayant conduit à ces choix-là.

Bien entendu, tous les détails nécessaires au bon fonctionnement du service et à la réalisation des actions à entreprendre seront systématiquement reproduits.

Il ne faut en effet pas faire l'erreur d'associer, dans un compte rendu, la notion de synthèse à l'absence de détails. Ces derniers sont les rouages indispensables d'une parfaite harmonisation des actions.

Caractéristiques du compte rendu de synthèse

Conseils	Commentaires
Éliminer ou mettre en position secondaire les noms des participants	Il s'agit maintenant de mettre en valeur les faits au détriment des personnes. La plupart des phrases débuteront donc par des noms communs. Quand des noms de personnes sont retenus, c'est uniquement pour signaler leur désaccord avec le groupe sur un point ou lors d'un engagement personnel : *Une réunion d'information devrait être organisée au cours du mois de décembre prochain. Tous approuvent cette décision, mis à part M. Durand.*
Utiliser le présent de narration	Le temps employé est généralement le présent de narration afin de rendre plus vivants les messages transmis : *Les documents sont diffusés à l'ensemble du service.*
Faire des phrases courtes	Il est plus facile de construire le texte en phrases courtes. En effet, la phrase longue peut créer des problèmes de lisibilité et présenter des risques de fautes de construction. La phrase courte, généralement seize mots (deux lignes dactylographiées) est plus maniable et plus lisible. Le principe serait de mettre toujours une seule idée par phrase, voire une idée sur deux phrases.
Mettre en tête de paragraphe la conclusion pour donner ensuite l'explication	À l'oral, les conclusions ne viennent qu'en fin de développement. Il est extrêmement habile, à l'écrit, d'insérer d'abord la conclusion pour donner ensuite l'explication ou la justification. Le cheminement est exactement l'inverse de celui généralement suivi à l'oral. Il est très percutant également de bien détacher les propositions émises (généralement peu reportées), les décisions et les actions par des paragraphes différents.

Conseils	Commentaires
Introduire les informations administratives en fin de partie	Le développement ne sera pas perturbé par des informations de type administratif, celles-ci seront en effet reportées en fin de thème. En effet, il est dommage de ne pas proposer l'essentiel en premier pour ensuite apporter des informations du type : dates, noms de personnes ou de lieu. Beaucoup ont trop tendance à proposer toutes ces informations à l'endroit même où la personne les a énumérées à l'oral. Cette façon de faire détruit la force du contenu souhaitant être transmis.
Concevoir des titres « cadrés »	Les titres utilisés dans les comptes rendus sont ceux proposés par l'ordre du jour. Dans le cas d'une réunion informelle, il sera habile d'en créer pour organiser une matière diffusée parfois de façon désordonnée. Le titre doit en outre cadrer le message et non introduire une prise de position : – Bon titre : *Évolution du marché au cours de l'année 2005.* – Titre à éviter dans un compte rendu : le titre « plein » : *Stagnation du marché au cours de l'année 2005.* Les titres cadrés sont en effet dans la logique de l'approche objective des comptes rendus. Les titres pleins, plus engagés, ne présentant pas cette objectivité seront réservés aux rapports.
Ne pas numéroter les titres	Les titres des comptes rendus n'ont entre eux aucune logique organisationnelle. Il est d'usage de ne pas les numéroter, ce qui donnerait une importance injustifiée au premier titre par exemple. Cette affirmation est à nuancer, dans le cas d'un document de plusieurs pages, par souci de lisibilité.
Créer éventuellement des sous-titres pour éviter l'accumulation des mots de liaison	Les mots de liaison en trop grand nombre peuvent donner une impression un peu artificielle. Afin de résoudre ce problème, il suffit de créer des sous-titres (non numérotés eux aussi) qui évitent de justifier le lien de ce nouveau paragraphe avec les autres.

Conseils	Commentaires
Ne jamais s'impliquer dans le compte rendu	Il faut parler de soi à la troisième personne du singulier. Ce document est, selon François Martin (vous, le rédacteur) l'élément primordial à mettre en valeur. Cet effort d'écriture, un peu artificiel, permet de positionner le texte sous un angle très objectif ; le rédacteur n'apparaissant pas comme partie prenante. Il faut, bien entendu, éviter les « nous » et les « je » comme pour les autres types de compte rendu.

Compte rendu de synthèse, type 3

La séance a débuté à 9 h 30 et comporte deux points à l'ordre du jour :

– le lancement du nouveau produit Isotoupetit,

– le règlement des problèmes de vol de matériel.

1 - Organisation du petit déjeuner de lancement d'un nouveau produit

La nouvelle boîte étanche, *Isotoupetit*, est actuellement en période de lancement. Il s'agit d'une boîte modulable et rétractable après emploi, particulièrement pratique. De plus, son étanchéité est parfaite. Ce produit est donc particulièrement bien adapté aux rangements et aux déplacements lors de pique-niques.

Afin de lancer ce produit sur le marché, un petit déjeuner doit être organisé, le 6 avril prochain, avec les responsables des achats des clients les plus importants et quelques journalistes, jour de démarrage de la campagne de publicité. Cette dernière s'effectuera sous forme de spots télé et de publicités insérées dans des magazines professionnels et devra avoir un impact d'amélioration de l'image. La communication s'effectuera par le biais d'*Isotoupetit*, un petit mille-pattes à l'allure sympathique. Quant à la cible, celle-ci est double : grand public et spécialistes.

La logistique du petit déjeuner sera assumée par Max Zetin. Toutefois, afin de proposer une prestation plus originale qu'à l'ordinaire, un nouveau traiteur, intéressant par son rapport qualité/prix, sera sollicité par Luce Daumier. La responsabilité de transmettre les cartons d'invitation aux 50 personnes concernées à partir de la liste établie lors de la manifestation précédente lui incombera également. Une liste supplémentaire d'invités sera, de plus, fournie en début de semaine du 25 mars par Muriel Lagher et Francis Duprat.

2 - Problèmes de vol de matériel

Le second point à l'ordre du jour concerne un problème de vol de matériel, signalé depuis un mois par Sébastien Dubois, responsable du matériel vidéo et de l'informatique. Ces vols perpétrés de jour se sont produits dans trois salles de formation à un mois d'intervalle. L'estimation des objets volés (vidéo-projecteur, deux micro-portables et un grand écran plat) s'élève à environ 5000 euros.

Après avoir renoncé à la proposition de mettre en place un système de porte avec code, il est décidé à l'unanimité de donner à chacun un badge d'accès aux salles de formation et de les équiper en ce sens.

La recherche de la société susceptible de mettre en place ce système d'accès par badge et la demande de devis sont confiés à François David qui s'engage à effectuer ces démarches avant le 15 avril prochain.

Questions diverses

Certaines personnes sont par ailleurs intéressées par l'obtention de renseignements concernant la VAE (Validation des Acquis d'Expérience). Un avis favorable sur la pertinence de ce type de démarche est émis par la responsable de la réunion. En raison de l'élan suscité par ce type de bilan personnel, des renseignements devront être pris par François David concernant ce sujet auprès des organismes accrédités. En effet, il serait souhaitable qu'au moins une démarche de VAE débute au cours de l'année civile.

La réunion s'est terminée exceptionnellement à 11 h en raison de la présence de la réunion générale du groupe.

Méthode de prise de notes pour compte rendu de synthèse de type 3

Ordre du jour	Synthèse des débats	Suite à donner

chapitre 8

Visualiser les contenus de manière plus claire

Le compte rendu synoptique de type 4

L'écrit n'est pas un acte naturel. Nos parents nous ont appris à parler, pas à écrire. C'est à la société, par l'intermédiaire des structures scolaires, que revient l'initiation à l'écriture et à la lecture. Or, dès l'abord confié aux instituteurs, chargés également de traiter d'autres matières, l'écrit est progressivement, dans le secondaire, l'exclusivité des professeurs de français. Étroitement associé à la littérature, l'écrit est alors le véhicule de la notion de Beau, il initie l'élève à la musicalité de la langue, à ses nuances les plus subtiles, lui permettant par mimétisme de mouler sa phrase sur son modèle.

Cette relation entre l'écrit et la littérature a fait de l'acte rédactionnel un acte solennel, souvent inquiétant, chargé des souffrances de l'apprentissage et d'un profond respect lié à la grandeur des auteurs rencontrés. Par la suite, beaucoup gardent, au sein du monde professionnel, des sentiments mitigés face à lui et reculent, sans trop en connaître les raisons, le moment de rédiger. L'écrit est devenu, par voie de conséquence, un pouvoir angoissant plus qu'un outil. Il faut toutefois savoir le dévêtir de ce manteau littéraire qui pèse sur son utilisation quotidienne.

Le compte rendu synoptique bouleverse les mentalités face à l'écrit

Les comptes rendus synoptiques permettent de saisir en quoi l'écrit professionnel peut se dégager de son aura littéraire pour être concrètement un outil efficace de travail. L'écrit, dégagé désormais d'une forme trop florissante, offre la rigueur de l'essentiel, exprimé en peu de mots d'une portée extrêmement efficace. Osez adopter les comptes rendus synoptiques dans les situations qui s'y prêtent. Vous serez étonnés de leur impact et du soulagement des destinataires et des rédacteurs. Il faut en effet démystifier l'écrit, ne pas croire qu'écrire en peu de mots, de manière dense, appauvrit la langue. Bien au contraire, écrire de cette façon clarifie la pensée du rédacteur qui peut s'autoriser ce changement de registre, mais en s'appuyant désormais sur une base saine parce que structurée.

Depuis quelques années, phénomène lié à l'apparition du traitement de texte et à une influence anglo-saxonne, certaines entreprises ou certains services emploient de plus en plus fréquemment des documents synoptiques, très visuels, où certains aspects à mettre en valeur sont présentés par colonnes. Ce phénomène est généralement lié à des initiatives personnelles plus innovantes, dans le souci de recherche d'un plus grand impact des documents.

Osez écrire autrement !

Particulièrement lisibles, ces documents sont en outre aptes à transmettre, sur un mode très explicite, les messages reconnus comme importants. Certaines personnes hésitent cependant à les utiliser. La tradition culturelle prime trop souvent en France sur l'efficacité. On préfère dans certains cas prendre le risque de ne pas être lu plutôt que de concevoir des documents dont l'impact sera pourtant plus fort ! Il arrive même que certains fassent du volume pour faire bien ! Ce type de dérive est véritablement à endiguer.

Les livres, traitant des matières les plus diverses, adoptent actuellement les présentations en tableau, perçues comme claires par la plupart. Devenue relativement habituelle pour les textes imprimés, l'utilisation des approches synoptiques l'est plus rarement pour les comptes rendus ou les rapports. Elle serait même encore d'avant-garde. Cependant, déjà employée par certains par intelligence des situations, cet outil se révèle d'une efficacité étonnante.

Deux comptes rendus en tableau pour des situations différentes

Dans l'approche du compte rendu, deux manières de traiter le texte pourraient être distinguées :

- **une démarche plus souple** : le compte rendu synoptique de type 4 en français courant,
- **une démarche plus incisive et plus directe** : le compte rendu synoptique de type 5 en prise de notes « enrichies ».

Si vous avez pour objectif primordial de vous adresser à votre hiérarchie, à un client ou à d'autres services, il serait souhaitable d'utiliser le compte rendu de type 4. Par ses contenus, ce dernier ne se distingue pas beaucoup du compte rendu de synthèse de type 3. Seule, la présentation, par son découpage en colonnes, offre l'intérêt de mettre en valeur des éléments indispensables, comme les décisions ou les actions. Toutefois, les colonnes contraignent souvent le rédacteur à être plus synthétique.

Découpage par colonnes : oui, mais quelles colonnes ?

Pour les comptes rendus de réunions, quatre types de matrices peuvent être envisagées.

Formule 1

Ordre du jour	Synthèse des débats	Suite à donner
1	2	3

Les décisions sont insérées dans la colonne 2. La colonne 3 ne retient que les « suites à donner » (toutes les actions à entreprendre).

Formule 2

Ordre du jour	Synthèse des débats	Décision prise	Actions à mener/ Dates butoirs
1	2	3	4

Cette matrice offre l'avantage de mettre en valeur les décisions, tout en les détachant des actions qui en découlent. Elle peut être utilisée de façon efficace au sein de structures prenant difficilement des décisions.

Formule 3

Ordre du jour	Synthèse des débats		Décisions
1	2	3	

Il n'est pas utile, nous l'avons vu plus haut, de mettre en valeur les propositions (qui d'ailleurs disparaissent souvent des comptes rendus n° 3) lorsqu'elles ne sont pas retenues. Cependant, dans certains cas, il est indispensable de conserver en mémoire des propositions pouvant être réutilisées plus tard dans un autre contexte, par exemple lors de réunion de centres de loisirs. En effet, dans ce contexte, la moindre proposition peut être conservée en « boîte à idées » pour une période ultérieure quand le budget sera plus important.

Lors de situations très techniques où les impératifs du cahier des charges exigeraient un respect absolu des dates limites et une responsabilisation optimum des personnes, l'utilisation d'une colonne « responsables des actions, avant le… » pourrait renforcer visuellement ces contraintes. Les titres des colonnes sont indicatifs, vous devez bien entendu les modifier selon vos besoins et votre culture d'entreprise.

Caractéristiques du compte rendu synoptique de type 4 en français courant

Conseils	Commentaires
Rédiger l'ensemble du texte avec des verbes conjugués	Il serait maladroit, sous prétexte que le travail s'effectue par colonnes, d'écrire en style télégraphique « prise de notes ». Cette erreur est très fréquente, la présence des colonnes entraînant ce type de relâchement d'écriture.
Utiliser toutes les ressources de la langue	L'avantage de ce compte rendu est de permettre de nuancer le texte, tout en facilitant la lecture par une gestion du texte par colonnes. Il est possible, d'utiliser des futurs, des conditionnels, des passés, la voix passive et la forme impersonnelle. Cet avantage stylistique offre la possibilité d'assouplir les textes et de donner un ton moins impératif que le compte rendu de type 5 en prise de notes « enrichies », sans verbes conjugués.

Conseils	Commentaires
Ne nommer les personnes que dans les cas de responsabilisation de celles-ci par rapport aux actions	Comme dans les comptes rendus de synthèse, et peut-être encore davantage, les personnes n'apparaissent que dans un objectif particulier : ne pas les vexer, faire ressortir leurs divergences ou les rersponsabiliser lors du suivi des actions.
Lier les idées	Ce compte rendu permet d'enchaîner et de parfaitement relier les actions entre elles. Il serait donc maladroit de plaquer une idée à la suite d'une autre, sans enchaînement. Ce compte rendu offre l'avantage d'être très explicite pour des personnes peu au courant des faits.
Choisir ce type de compte rendu lors de transmission à des supérieurs hiérarchiques	Dans le cas où la diffusion du compte rendu implique, au niveau des actions, la hiérarchie elle-même, il est habile d'utiliser ce type de compte rendu permettant d'introduire un style plus déférent. Il serait maladroit d'écrire : – *Transmettre cette information à l'ensemble du personnel* → compte rendu n° 5 Il est plus habile dans ce cas d'opter pour la formulation suivante : – *Il serait souhaitable que la Direction transmette cette information à l'ensemble du personnel* → compte rendu n° 4 Il serait intéressant, cependant, de choisir le compte rendu n° 5 dans les cas où l'objectif serait une transmission très dynamique des contenus sans besoin particulier de nuances.

Exemple de compte rendu de type 4 sous forme de tableau synoptique

Ordre du jour	Synthèse des débats	Suite à donner
Organisation du petit déjeuner de lancement d'un nouveau produit	La nouvelle boîte étanche, *Isotoupetit*, est actuellement en période de lancement. Il s'agit d'une boîte modulable et rétractable après emploi, particulièrement pratique pour le rangement et pour les déplacements. Un petit déjeuner de lancement est prévu avec des clients importants et des journalistes, le 6 avril prochain, jour de démarrage de la campagne de publicité. Cette dernière s'effectuera par spots télé et publicités insérées dans des magazines professionnels. L'objectif attendu est un impact d'image pour une cible double : grand public et spécialistes de l'emballage. La communication s'effectuera par le biais d'un petit mille-pattes *Isotoupetit*. **Un nouveau traiteur assurera la prestation du petit déjeuner.**	La logistique du petit déjeuner sera assumée par **Max Zetin**. Le contact avec le nouveau traiteur et l'invitation des 50 personnes seront sous la responsabilité de **Luce Daumier et Julie Vertin**. Une liste supplémentaire d'invités devra être fournie avant le 25 mars prochain **par Muriel Lagher et Francis Duprat.**

Ordre du jour	Synthèse des débats	Suite à donner
Problème de vol de matériel	Un problème de vol de matériel est signalé par Sébastien Dubois, responsable du matériel vidéo et de l'informatique. Ces vols se sont produits de jour dans trois salles de formation, à un mois d'intervalle. L'estimation des objets volés s'élève à environ 5 000 euros. **Il est décidé de donner à chacun un badge d'accès aux salles de formation et de les équiper à ce sens.**	La recherche de la société susceptible de mettre en place ce système d'accès par badge et la demande de devis sont confiés à **François David** qui s'engage à effectuer ces démarches avant le 15 avril prochain.
Questions diverses	Certaines personnes sont intéressées par des renseignements concernant la VAE (Validation des Acquis d'Expérience). **Un avis favorable est émis, par Muriel Lagher, sur cette démarche d'évolution personnelle.** La réunion s'est terminée exceptionnel-lement à 11 h.	Les renseignements sur les procédures de VAE devront être pris par **François David** auprès des organismes accrédités pour engager une première démarche de ce type au cours de l'année civile.

Une synthèse systématique des propos tenus

Ce compte rendu, comme les autres comptes rendus, est écrit au présent de narration. Les acteurs disparaissent ou sont signalés par leur nom quand ils s'engagent à réaliser une action. L'effort de synthèse commence à être évident : les propos délayés sont densifiés, les redondances supprimées, les exemples recouverts par un terme générique (placard de cuisine et frigo devenant des rangements).

Il clarifie beaucoup la pensée du lecteur qui ne se perd plus de manière fastidieuse dans le dédale des débats. Les deux comptes rendus de type 4/5 suivent, dans les grandes lignes, les mêmes principes.

Grille de prise de notes pour compte rendu de type 4

Ordre du jour	Pour information	Pour action

chapitre 9

Effectuer pour les autres l'effort de synthèse

Le compte rendu très synthétique en tableau, de type 5

Ce compte rendu est le plus opérationnel pour les réunions de coordination ou les réunions informelles, au sein d'un même service ou entre services. Il est prôné par les structures les plus sensibles à la rapidité de transmission des messages internes. C'est le document percutant par excellence car, par son style, il épure les éléments redondants liés à la forme pour accentuer l'impact des messages. Il est de plus d'une lecture facile, comme le compte rendu de type 4, par son découpage visuel en colonnes.

Un document avec secret de fabrication

Toutefois, il faut constater que ce type de compte rendu est plus complexe à rédiger malgré son apparente facilité. En effet, sa clarté finale laisse à penser que sa rédaction est plus simple, sans phrases complètes avec sujet et verbe conjugué. Or, ce n'est pas le cas. Ecrire en effet de cette manière, tout en restant toujours très clair, exige une attention constante sur sa propre écriture. Les constructions habituelles émergent sans cesse au gré d'un relâchement.

Or, la rigueur finale de ce document provient du résultat produit par cette écriture très dense. Chaque mot compte et il n'est pas si facile de respecter l'uniformité de constructions grammaticales du même type : noms en tête de phrase pour les bilans, verbes à l'infinitif pour les actions. Le lecteur d'ailleurs n'aura pas forcément conscience, à sa lecture, de l'absence des constructions habituelles. Toutefois, il en percevra l'impact, fait de rigueur et de clarté. Il est donc véritablement possible de parler de secret de fabrication. Il est en effet fort difficile de concevoir un texte de ce type sans être initié à ses lois et contraintes.

Un document valable dans toutes les situations où l'opérationnalité doit primer

J'ai longuement testé ce document au sein de structures très différentes dans des contextes variés : administrations, secteurs industriels et commerciaux. Il m'a toujours été possible de transcrire les contenus de départ en compte rendu de type 5.

Afin de percevoir l'intérêt de cette approche, entraînez-vous à transformer un document existant (généralement de type 3) en compte rendu 5 pour vous heurter concrètement aux lois présidant au passage d'un document à l'autre.

Exemple de compte rendu de type 5 sous forme de tableau synoptique

Ordre du jour	Synthèse des débats	Suite à donner
Organisation d'un petit déjeuner	Lancement de la nouvelle boîte étanche, *Isotoupetit* Description du produit : boite modulable et rétractable après emploi, pratique pour le rangement et pour les déplacements. Cible double : grand public et spécialistes. Publicité à partir de spots télé et de magazines professionnels. Communication par le biais d'un petit mille-pattes *Isotoupetit*. Petit déjeuner de lancement prévu avec les clients importants et journalistes, le 6 avril prochain, jour de démarrage de la campagne de publicité. **Choix d'un nouveau traiteur.**	Assurer la logistique du petit déjeuner. **(Max Zetin)** Contacter le traiteur et lancer les invitations aux 50 personnes prévues. **(Luce Daumier et Julie Vertin)** Transmettre la liste supplémentaire d'invités avant le 25 mars prochain. **(Muriel Lagher et Francis Duprat)**
Problème de vol de matériel Estimation des coûts des objets volés évaluée à environs 5 000 euros.	Annonce d'un problème de vol de matériel, ayant eu lieu de jour dans trois salles de formation, à un mois d'intervalle. **Mise en service d'un système avec badge d'accès aux salles de formation.**	Rechercher la société susceptible de mettre en place ce système et demander un devis avant le 15 avril prochain. **(François David)**
Questions diverses	Certaines personnes sont intéressées par des renseignements concernant la VAE (Validation des Acquis d'Expérience). Un avis favorable est émis, par Muriel Lagher, sur cette démarche d'évolution personnelle. *Réunion terminée exceptionnellement à 11 h.*	Recueillir des renseignements sur les procédures de VAE auprès des organismes accrédités afin d'engager une première démarche de ce type au cours de l'année civile. **(François David)**

Caractéristiques du compte rendu synoptique n° 5

Conseils	Commentaires
Respecter la même unité grammaticale au sein d'une même colonne	Si vous choisissez d'utiliser des substantifs (noms communs) ou des verbes à l'infinitif au sein d'une colonne, vous devez respecter cette loi jusqu'à la fin du compte rendu. Il serait en effet déstabilisant de rompre l'unité grammaticale, d'utiliser par exemple un substantif et après un infinitif. En effet, dans ce cas, le lecteur cherche inconsciemment une logique et attribue à ce changement de rythme une raison particulière, faussant ainsi votre démarche.
Utiliser des infinitifs pour indiquer les actions à entreprendre sur un ton relativement impératif	Dans la colonne réservée aux actions à entreprendrre, il est plus dynamique d'utiliser systématiquement des verbes à l'infinitif. En effet, les responsables des actions se sentiront davantage concernés par *« Transmettre cette information à l'ensemble du personnel »* que par *« Transmission de cette information... »*
Employer un substantif (nom commun) pour indiquer les actions à entreprendre dans des situations où le ton impératif ne serait pas de mise	Il arrive parfois que ce type de compte rendu soit diffusé à plusieurs services incluant des niveaux hiérarchiques différents voire à l'extérieur ou à des partenaires. Le ton impératif proposé par l'infinitif ne serait pas de mise. Dans ce cas, il faut utiliser des noms communs : le ton, assoupli par ceux-ci, permet alors d'utiliser ce type de compte rendu dans d'autres situations que les réunions internes de service.
Rappeler systématiquement à chaque page le titre en haut des colonnes	Il est indispensable en situation de compte rendu synoptique de rappeler le titre en haut de chaque page. En effet, cette contrainte est nécessaire pour bien cerner intellectuellement le découpage proposé.

Conseils	Commentaires
Ne pas déterminer une action en face d'un texte inexistant dans la colonne information	Toute action ou toute décision, dans la mesure où le compte rendu comporte une colonne « information » ou « synthèse des débats », doit correspondre à un texte inséré dans cette colonne. Il serait en effet fort maladroit de déterminer une action ou une décision en face d'un blanc.
Éliminer les suggestions et les propositions des comptes rendus synoptiques	Il est généralement admis de supprimer les suggestions ou propositions émises par les participants dans la mesure où celles-ci n'aboutissent pas à une action. Or, même si la suggestion est retenue, l'aspect très pratique et direct de ce type de compte rendu conduira à ne reproduire que le résultat de la proposition : c'est-à-dire la décision.
Ne pas introduire de phrases avec verbes conjugués au sein des textes	Un vigilance d'écriture doit s'instaurer lors de la rédaction d'un compte rendu synoptique. En effet, même comprise intellectuellement, la contrainte de ne pas employer de verbes conjugués est facilement oubliée au cœur de l'action. Lors de la relecture, il est donc indispensable de bien vérifier l'application de cette règle. En effet, les comptes rendus de ce type, pour être admis par tous, doivent donner une impression d'extrême rigueur. Le lecteur perçoit en fait cette dernière sans remarquer la contrainte stylistique que s'est imposée le rédacteur. Cependant, lorsque cette contrainte n'est plus respectée, le texte devient moins crédible pour le lecteur, même si celui-ci ne saisit pas d'où provient cette impression.

Conseils	Commentaires
Bien choisir les mots lors de la rédaction du texte	Ces documents sont très percutants car le moindre mot compte, étant donné leur nombre plus restreint. Il est donc indispensable de bien vérifier la portée de chacun. Un mot mal choisi peut déformer le sens du texte ou prêter à sourire. Les rédacteurs qui maîtrisent bien le compte rendu synoptique de type 5 sont d'ailleurs généralement des personnes en possession parfaite des nuances de la langue française.
Ne pas être schématique dans l'écriture sous prétexte que le texte est d'une teneur plus synthétique que les précédents	Le défaut de certains est d'écrire de façon très schématique sous prétexte que le texte se doit d'être synthétique. Il ne faut pas confondre « synthèse » et « hermétisme ». Un texte trop ramassé peut en effet être parfaitement obscur au lecteur. Or, ce n'est pas l'objectif de ce type de compte rendu. Il faut donc enrichir la phrase de prépositions, d'adjectifs et atteindre environ deux lignes de texte pour chaque idée, mais toujours sans verbes conjugués. Pour cette raison, j'ai intitulé cette façon d'écrire « prise de notes enrichies ».

Compte rendu de visite en tableau

Lors des visites de chantier, de magasins ou rencontres diverses, il est particulièrement habile d'utiliser ce type de compte rendu. Dans ce cas, il faut prendre les notes, pendant les échanges, à partir d'un bloc de grilles préétablies. Ce document support de prise de notes permet en effet une grande souplesse d'utilisation (être debout par exemple).

Il est indispensable également d'adapter le découpage des colonnes à son propre besoin : faire par exemple ressortir sur une colonne les décisions pour les démarquer des actions ou bien dégager nettement une colonne pour noter les délais et les responsables des actions.

Pensez à utiliser plus fréquemment des outils de ce type qui renforcent la qualité des coordinations et des transmissions de messages.

Un compte rendu de chantier vous est proposé ensuite à titre d'exemple :

Type de compte rendu de chantier sous forme synthétique (1 page pour comprendre le principe)

Ordre du jour	Synthèse des débats	Suite à donner
Objet de la visite	Mise au point, durant cette première réunion, sur le détail des opérations à entreprendre. Division cette année des opérations en 3 sous-chantiers pour des raisons budgétaires.	
1 • *Rénovation DPR et réorganisation DI*	**Rénovation des bureaux existants** Début le 4/03/05 des travaux de rénovation des bureaux du DPR et de son assistante. Durée prévisionnelle d'une quinzaine de jours. • ***Décision de rénovation des sols, des murs et des faux-plafonds.*** • ***Prise en charge par l'IRT, via l'entreprise, du suivi des transferts téléphoniques des occupants de ceux-ci.***	Contacter l'entreprise Fervel pour acceptation *(G. Cavagnon)* Suivre cette action *(M.Dubois)*
	Réorganisation de la DIF Travaux d'extension prévus pour une durée approximative de 15 jours également. Disparité esthétique prévisible entre les parties anciennes et nouvelles. • ***Rénovation complète de ce bureau pour répondre à des contraintes esthétiques.*** • ***etc.***	Bien vérifier, lors la réception, la qualité du travail effectué car première intervention de cette entreprise (M. Millet)

Grille de prise de notes pour compte rendu de type 5

Ordre du jour	Pour information	Pour action

chapitre 10

Comment présenter matériellement un compte rendu ?

L'ensemble des comptes rendus proposés dans ce livre, qu'ils soient traditionnels ou présentés sous forme de tableaux synoptiques, peuvent tous débuter de la même manière. C'est cette présentation type qui vous sera conseillée au cours de ce chapitre.

Rompre avec d'anciennes façons de faire

Le rôle de « la tradition de service » est puissant. En effet, la plupart des comptes rendus font l'erreur de mêler dès la première page : renseignements administratifs et contenu. Cette habitude rédactionnelle a été prise, il y a maintenant une trentaine d'années, à une époque où la duplication des documents dépendait du papier carbone : l'espace était alors exploité au maximum.

Par habitude d'économie d'espace, liée à des contraintes maintenant dépassées, cet usage est actuellement encore en vigueur malgré son absence d'intérêt depuis l'apparition de la photocopie. Cette façon de faire présente l'inconvénient de mêler informations administratives et texte du compte rendu dans une confusion de départ.

Optimiser l'impact de la première page

Il est plus percutant, à une époque où le traitement de texte permet des présentations plus séduisantes, de dégager la première page des autres en y centralisant toutes les informations d'ordre administratif. Cette page comprendra :

- le titre du compte rendu ;
- le lieu éventuel (dans le cas de plusieurs sites) ;
- le temps éventuel de la réunion (indication efficace mais peu adoptée en raison des risques de critiques sur les temps de réunion au regard des contenus émis) ;
- le nom des participants, des excusés, des absents ;
- le nom des personnes auxquelles ce document est diffusé ou envoyé en copie ;
- l'ordre du jour ou l'intitulé « thèmes abordés » (en l'absence d'ordre du jour) ;
- le nom optionnel du rédacteur du compte rendu (nouvelle tendance non encore véritablement entrée dans les mœurs, mais très efficace pour obtenir des précisions supplémentaires sur le contenu).

Bien gérée, cette forme de présentation pourra être très utile par la suite lors du classement ou de la recherche d'une information précise.

Observez les deux pages suivantes au cours desquelles vous est proposée une présentation type adaptée aux comptes rendus n° 1, 2, 3 et une autre, en travers de la page 88, plus particulièrement conçue pour les comptes rendus n° 4 et 5.

Présentation en hauteur pour comptes rendus de type 1, 2, 3

Compte rendu de réunion
des chefs de département
du 12 juin 2005

Présents : M. Benard
M. Bertrand
M. Bros
M. Julien
M. Krein
M. Pinet

(Excusés éventuels)

Copies : Chefs de département

Chefs de rayon

Rédacteur : M. Bertrand

ORDRE DU JOUR

- Circulation de l'information au sein des services.
- Mise en place d'un poste d'hôtesse.
- Planning des horaires de la cantine.
- Création d'une plaquette d'information destinée aux nouveaux embauchés.

Présentation en largeur pour comptes rendus de type 4 et 5

Compte rendu de réunion des chefs de département du 12 juin 2005

Présents :	M. Bernard
	M. Bertrand
	M. Bros
	M. Julien
	M. Krein
	M. Pinet

(Excusés éventuels)

Copies :	Chefs du département
	Chefs de rayon

Rédacteur :	M. Bertrand

ORDRE DU JOUR

- Circulation de l'information au sein des services.
- Mise en place d'un poste d'hôtesse.
- Planning des horaires de la cantine.
- Création d'une plaquette d'information destinée aux nouveaux embauchés.

Conseils utiles autour de l'organisation matérielle du compte rendu

4 ordres sont possibles pour présenter les participants :

- ❏ **l'ordre alphabétique** (le plus démocratique et le plus apte à ne vexer personne), bien adapté aux réunions de coordination ;

- ❏ **l'ordre hiérarchique** (le plus délicat à manier car il nécessite une bonne connaissance de l'organigramme de l'entreprise ou de l'ordre des élus dans le cas d'un conseil municipal – cette organisation réclame toutefois de respecter à nouveau un ordre alphabétique dès le même niveau hiérarchique) ;

- ❏ **l'ordre sexué** (le plus « vieille France », les femmes d'abord, les hommes ensuite ! – de moins en moins en usage) ;

- ❏ **l'ordre fonctionnel** utilisé dans le bâtiment (organisation selon l'arrivée des corps de métier sur le chantier).

Prénoms et noms des participants

Selon le type de compte rendu, il sera souhaitable d'introduire le prénom en entier à côté du nom ou seulement par une initiale.

❏ **Formule la plus conviviale**

Dominique LECORRE

Cette façon d'écrire est intéressante pour introduire de bons rapports humains entre les personnes. Elle est généralement utilisée pour les réunions de travail au cours desquelles les participants s'appellent par leur prénom et/ou se tutoient.

❏ Nuance plus administrative

LECORRE Dominique

Cette approche est très pratique car elle permet de rechercher facilement les noms par ordre alphabétique.

❏ Formules plus officielles

Mme D. LECORRE
ou Mme LECORRE

Cette présentation permet de donner un ton très officiel à la liste des participants. En introduisant M., Mme, Mlle, cette forme présente l'avantage de préciser s'il s'agit d'un homme, ou d'une femme mariée ou non (ce qui peut éviter des impairs au téléphone ou lors d'une discussion avec des personnes nouvelles). La suppression du prénom entier insuffle un ton plus officiel.

❏ Formules très officielles

Mme D. LECORRE (Chef de service).
Mme LECORRE (Chef de service).

Il s'agit de la même présentation que précédemment mais en nommant la fonction de la personne, ce qui rend les rapports très formels en mettant en exergue les pouvoirs hiérarchiques de chacun.

Remarque liée à l'air du temps : il est de plus en plus fréquent de mettre les noms des personnes en minuscules et non plus en majuscules comme ci-dessus. Cette nouvelle façon d'écrire offre l'avantage de respecter la présence des accents, intéressants pour la prononciation orale d'un nom : *Dominique Lecorré*. De plus, les noms en minuscules sont plus noyés dans le texte et ne détournent pas lecteur des contenus.

chapitre 11

Adopter un style
très professionnel

Les conseils suivants vous aideront à engager une démarche critique face au style de vos propres textes et, par là même, vous serez en mesure de les améliorer. Issues d'une réflexion progressivement affinée par des audits effectués en secteur professionnel, ces quelques directives vous permettront d'éviter les écueils les plus fréquemment rencontrés en situation de compte rendu.

Toutefois, ces conseils pourraient être suivis lors de la rédaction du courrier ou des rapports, tous les écrits professionnels présentant des contraintes de style similaires.

Conseils d'amélioration	Commentaires/Exemples éventuels
Respecter la phrase courte	• Il est impératif d'utiliser des phrases courtes ne comportant pas plus de trois lignes dactylographiées, au-delà de ce volume le taux de lisibilité, placé entre huit et seize mots pour la moyenne des Français, est largement dépassé.
Renoncer systématiquement aux subordonnées enchaînées	• L'oral s'appuie beaucoup sur les « qui » et « que » pour enchaîner les subordonnées. Il faut renoncer presque systématiquement à un 2e et surtout à un 3e « qui » ou « que ». Dans ce cas-là, il est intéressant de rédiger deux phrases. *Ils renoncent à exploiter ces documents commerciaux qui sont actuellement en cours d'impression et qui pourraient entraîner une dévalorisation de leur image.* ***Ils renoncent à exploiter ces documents commerciaux actuellement en cours d'impression. En effet, ceux-ci pourraient entraîner une dévalorisation de leur image.***
Construire des paragraphes d'environ 6 lignes	• Le paragraphe doit être une unité de raisonnement très courte pour être accessible rapidement. Il est souhaitable dans cette perspective d'éviter les paragraphes longs. Lors d'une unité de raisonnement longue demandant des développements, il faut choisir alors un découpage. Toutefois, il faudra débuter le nouveau paragraphe par un mot de liaison afin de ne pas rompre le mouvement d'ensemble.
Relier davantage vos idées	• Le défaut principal des textes professionnels est le manque de liaison. Tout rédacteur enchaîne intérieurement son raisonnement. Cependant beaucoup oublient ensuite de transmettre cet enchaînement à l'écrit. Les « en effet » explicatifs, les « en outre » permettant d'accumuler, les « par ailleurs » créant l'occasion de changer brusquement de sujet, ne sont pas suffisamment utilisés.

Conseils d'amélioration	Commentaires/Exemples éventuels
Utiliser l'incidente comme un atout pour alléger les textes	• L'incidente est cet élément secondaire, inséré entre virgules, ou à la fin de la phrase derrière une virgule. Peu utilisée à l'oral, elle ne coule pas naturellement à l'écrit. Elle permet d'éviter pourtant des « qui » et des « que » et offre des textes plus percutants : *Ils ont été chargés de vous transmettre cette information **qui est** actuellement très importante pour nous (suppression de « qui est »).* • *Vous devez leur transmettre cette information **qui jouera** un rôle décisif dans l'avenir (suppression de « qui jouera un rôle », mettre : « **information décisive** »).*
Bien placer les mots au point d'harmonie de la phrase	• L'équilibre de la phrase tient à un point d'harmonie qu'il faut découvrir. Généralement, la fin de la phrase doit s'achever par le mot dont le sens est le plus fort.
Savoir utiliser les virgules en situation professionnelle	• La ponctuation professionnelle est surtout grammaticale, la virgule est utilisée dans quelques cas bien limités : – phrases juxtaposées : *Nous avons transmis les documents au service du personnel, nous avons ensuite...* – mini inversion de la phrase : ***Afin de vous permettre de fixer votre choix,** nous vous adressons notre catalogue...* – énumération : *Je me permets de vous transmettre la brochure, la photocopie...* • Dans les autres cas, la ponctuation est liée au sens. En effet, les idées-forces sont mises en valeur par l'utilisation des virgules qui signalent les informations secondaires d'appui : – *nous avons, **le 5 janvier dernier,** omis de vous transmettre cette information...* – *nous avons omis de vous transmettre cette information, **comme nous vous l'avons déjà précisé par téléphone.*** • Derrière les mots de liaison en tête de phrase, un usage actuellement implanté veut que soit utilisée systématiquement une virgule. Cette façon de ponctuer met en valeur la liaison

Conseils d'amélioration	Commentaires/Exemples éventuels
	qui, dans ce langage, est un rouage de raisonnement, volontairement fort. • Par contre, dans le corps du texte, le mot de liaison peut être encadré de virgules ou ne pas l'être. Dans ce dernier cas, il s'agit des situations où l'on cherche à noyer davantage la liaison pour la rendre plus subtile.
S'entraîner à utiliser le point-virgule dans le cas des présentations visualisées	• Le point-virgule est une « sur-virgule », une sorte de I - II -, alors que la virgule serait 1-2-. Il faut donc l'utiliser systématiquement dans les présentations visualisées quand le texte comporte déjà des virgules : *Nous vous prions de trouver ci-joints :* *– un document comptable, aux références A et B ;* *– des factures, l'une de 88 €, l'autre de 119 € ;* *– un devis préalable.* Par contre, si le texte ne comporte aucune virgule, il faut en placer une à la fin de chaque ligne et renoncer au point-virgule : *Nous vous prions de trouver ci-joints :* *– un document comptable,* *– deux factures,* *– un devis préalable.*
Donner de la force à vos textes en mettant un nom en tête de phrase	• La forme impersonnelle est souvent utilisée à l'écrit pour donner un ton neutre aux écrits : ***Il semble*** *intéressant de transmettre ce document comptable à l'ensemble des services.* • Cependant, il est plus efficace de mettre le nom en tête de phrase, le texte devient plus dynamique : *Le **document** comptable devra être transmis à l'ensemble des services.*

Conseils d'amélioration	Commentaires/Exemples éventuels
Inverser la logique adoptée à l'oral : mettre la conclusion en début de paragraphe et les explications ensuite	• Afin d'être très percutant lors de la transmission des messages, il est vivement conseillé de mettre en tête de paragraphe la conclusion à laquel aboutit le développement : *À la dernière réunion des chefs de service, il s'est avéré que la moitié d'entre eux ignoraient la date de la prochaine promotion. Une note avait pourtant été diffusée au cours du mois de septembre.* **Il est donc constaté des déficiences dans la circulation de l'information au sein des services.** Beaucoup plus efficace serait d'écrire : **Constat est actuellement fait de déficiences dans la circulation de l'information au sein des services.** En effet, à la dernière réunion…

chapitre 12

Renforcer la cohérence par les liaisons

Les liaisons basiques au fil de la phrase

Les mots de liaison répertoriés dans le tableau ci-dessous sont des outils pratiques pouvant être placés en charnières, pour renforcer la cohérence des idées, entre les phrases structurées sur le mode classique – Sujet + Verbe + Complément – :

Nous avons analysé votre demande en suivant les étapes proposées. Nous avons ainsi fait le nécessaire pour cerner vos attentes.

Utiliser ce type de liaison est donc relativement simple : il suffit de penser à l'organisation logique de l'ensemble et au regard du destinataire. Curieusement, à l'oral, nul n'oublie les liaisons. Elles font partie de la structuration naturelle du discours. À l'écrit, situation plus artificielle, les mots de liaison disparaissent souvent, peut-être tout simplement parce que le rédacteur les met en voix intérieure mais oublie de les transcrire par la suite. Les liaisons sont pour lui trop évidentes ! Or, entre deux idées plaquées l'une à côté de l'autre, il est parfois difficile de saisir en quoi celles-ci sont liées. Il est alors possible pour le lecteur de plaquer ses interprétations personnelles sur le sens du texte initial, et souvent d'ailleurs sans s'en rendre compte :

Monsieur Fervier est bien accepté dans le service. Il n'approuve pas ce nouveau projet.

*Monsieur Fervier est bien accepté dans le service **car** il n'approuve pas ce nouveau projet.*

*Monsieur Fervier est bien accepté dans le service. **Toutefois**, il n'approuve pas ce nouveau projet.*

Tableau des principaux mots de liaison

Rouage du raisonnement	• Or,
Accumulation	• De plus, • En outre, • De surcroît.
Opposition – restriction	• En revanche, • Toutefois, • Par contre, • Cependant, • D'une part, • Néanmoins, • D'autre part, • Hormis.
Conséquence	• Donc (en cours de phrase) • En conséquence, (conséquence d'ensemble) • Par conséquent, • En conclusion, • En définitive, • De ce fait.
Explication	• Aussi, • Ainsi, • En effet, • En fait, • Comme…
Liaision pour idées disparates	• Par ailleurs.

98

Les liaisons plus subtiles et la variété stylistique

Un autre type de liaison existe. Beaucoup plus subtil que le précédent, celui-ci réclame en effet une modification de la structure de la phrase. Par le choix de ce type de liaison, le rédacteur est amené à jouer avec la construction de la langue en mettant, par exemple, un nom ou un verbe en tête de phrase. Cette organisation du texte apporte à la fois beaucoup de cohérence sous-jacente à celui-ci mais également un meilleur style. En effet, nulle monotonie ne peut s'instaurer, les constructions étant constamment diversifiées.

L'objectif principal dans cette prise de position d'écriture est de renoncer aux « pronoms sujets en tête de phrase », facteurs de répétitions monotones des mêmes sujets. En outre, en tête de phrase, ceux-ci mettent très en valeur les acteurs au détriment des faits ou actions, reportés plus loin dans la phrase. Or, en situation de compte rendu, il est particulièrement intéressant de mettre ainsi en exergue les faits (surtout comptes rendus de type 3, 4, 5). En effet, on y traite de situations, de besoins, de problèmes, il est souvent moins nécessaire de connaître la position personnelle et, par là même parfois subjective des personnes. En effet, c'est par les actes que s'exprime la compétence. Seuls, les comptes rendus de type 1 et 2 mettent en valeur systématiquement les sujets humains en tête de phrase :

Marie Thermier *approuve ce projet*

Les autres types de compte rendu choisiront d'écrire :

Ce projet *est approuvé par Marie Thermier.*

Tableau synthétisant les principaux procédés de liaisons subtiles

Procédés à votre disposition	Avantages	Exemples
• **Enclenchement de deux phrases en les synthétisant**	Par ce moyen est évitée l'utilisation du mot de liaison institué (il faut en effet les économiser au cours du texte). De plus, est supprimée la répétition du pronom sujet. L'impression de liaison est parfaitement maintenue.	*1. Ils ont envoyé ces documents à l'ensemble des participants. En effet, ces derniers ne sont pas tous au courant des nouvelles modifications juridiques.* *2. Ils ont envoyé ces documents à l'ensemble des participants, **les nouvelles modifications juridiques n'étant pas encore connues de tous.***
• **Utilisation de noms communs en tête de phrase (accompagnés d'adjectifs qualificatifs)**	Ces noms sont, en fait, les mots qui représentent les actions en cours. Ils offrent l'avantage d'être très variés : le style s'en ressent alors beaucoup. L'enchaînement des actes apparaît de façon plus nette qu'en utilisant des pronoms sujets en tête de phrase.	*1. Ils désirent actuellement introduire cette nouvelle technique au sein des services.* *2. **Cette nouvelle technique** pourrait, selon eux, être introduite au sein des services.*
• **Utilisation d'adjectifs en tête de phrase pour renforcer le sens**	La mise en apposition d'un adjectif en tête de phrase permet de mettre en valeur un qualificatif pouvant être utile dans l'enchaînement d'un raisonnement.	*1. Ils pensent que ce procédé est le seul valable en période de crise.* *2. **Seul**, ce procédé est valable en période de crise.*

Procédés à votre disposition	Avantages	Exemples
• Utilisation d'adjectifs démonstratifs	L'adjectif démonstratif permet de renvoyer le lecteur sur un mot utilisé plus haut dans le texte. L'enchaînement des idées s'effectue alors très naturellement.	Ces **documents**… (mots pouvant être placés beaucoup plus haut dans le texte).
• Remplacement du mot d'enchaînement « cela » par un nom commun	Il est fréquent d'employer le mot « cela » au cours d'un raisonnement. Or, par habitude, une évidence s'impose : ce mot est l'expression d'un flottement de la pensée. Il faut toujours le remplacer par un nom précédé d'un adjectif démonstratif.	1. Ils ont été amenés à revoir ces procédures, **cela** leur a permis ensuite de mettre en place des méthodes. 2. Ils ont été amenés à revoir ces procédures. **Cette démarche** leur a permis ensuite de mettre en place des méthodes.

chapitre 13

Nuancer ses textes par le verbe le plus juste

Les mots qui suivent sont des synonymes utilisables en contexte professionnel. Pour plus de souplesse d'utilisation, le travail est centré sur les verbes, moments clés de l'expression des actions. En effet, un compte rendu, pour être très efficace, doit être extrêmement précis sur ce type de mots. Ce lexique doit également jouer un rôle pour améliorer le choix de vos verbes à l'infinitif (dans la colonne de droite) des comptes rendus de type 5.

Mots « guides »	Mots synonymes	Nuances
Accepter	Accueillir (une proposition)	• Moins fort qu'accepter (connotation positive).
	Admettre	• Accepter avec une réticence.
	Adopter	• Accepter avec l'idée d'intégrer très rapidement l'objet de l'acceptation.
	Agréer	• Donner son agrément (connotation un peu administrative).
	Approuver	• Partager la même opinion sur l'objet de l'acceptation.

Mots « guides »	Mots synonymes	Nuances
	Consentir	• Accepter avec réticence (après argumentation).
	Souscrire à	• Donner son adhésion avec l'idée de s'engager.
Affirmer	Assurer	• Affirmer avec force.
	Attester	• Affirmer avec encore plus de force qu'assurer (possession de preuves).
	Avancer	• Moins fort qu'affirmer car du domaine de l'hypothèse.
	Certifier	• Affirmer avec force (souvent en authentifiant par un écrit pouvant être signé).
	Maintenir	• Affirmer avec constance.
	Prétendre	• Donner l'impression d'affirmer en suggérant une critique à celui qui écoute.
	Soutenir	• Affirmer avec force en s'appuyant sur un raisonnement.
Annoncer	Communiquer	• Annoncer avec l'idée que plusieurs personnes reçoivent la même information.
	Déclarer	• Annoncer de façon officielle, parfois un peu solennelle.
	Diffuser	• Envoyer à chacun de façon organisée des informations.
	Faire connaître	• Divulguer à tous une information de façon neutre.
	Informer	• Très voisin d'annoncer, attitude neutre.
	Transmettre	• Donner une information avec l'idée d'un changement de lieu.

Mots « guides »	Mots synonymes	Nuances
Apprendre	Aviser Faire savoir Indiquer Informer Préciser	• Avertir au moyen d'un avis (connotation administrative). • Porter à la connaissance de beaucoup. • Apprendre à quelqu'un une information précise. • Transmettre une information de façon neutre. • Rajouter une information de détail afin de clarifier le message.
Argumenter	Plaider	• Argumenter mais avec une approche plus juridique et plus construite (idée de défendre quelqu'un).
Arrêter	Interrompre Surseoir Suspendre	• Idée d'un arrêt momentané (éviter stopper : arrêt net et néologisme). • Attendre l'expiration d'un délai pour procéder à l'application de la mesure (connotation juridique). • Arrêter dans les situations d'indécision, d'absence de solutions.
Arriver	Aboutir Conclure Parvenir à	• Idée d'arriver à quelque chose après des efforts continus. • Derniers éléments avant la fin, permettant d'expliciter la logique de l'ensemble émis. • Arriver avec l'idée de difficultés rencontrées avant cette étape.
Avoir	Acquérir Assumer Compter Détenir	• Mots à multiples synonymes. À éviter pour cette raison car entraîne une imprécision du texte par le nombre de possibilités de compréhension.

Mots « guides »	Mots synonymes	Nuances
	Employer Exercer Fournir Justifier de Obtenir Posséder Produire Rassembler Recueillir...	• Indispensable de rechercher systémati-quement un synonyme très précis pour transmettre l'idée sous-jacente placée derrière « avoir ».
Calculer	Chiffrer Établir Estimer Évaluer	• Donner une indication très précise de prix. • Plus général, idée d'avoir au préalable effectué des calculs et de s'être mis d'accord. • Déterminer le prix ou la valeur par une appréciation globale. • Porter un jugement sur la valeur et l'exprimer, idée plus approximative, parfois subjective.
Causer	Apporter Créer Déclencher Engendrer Occasionner	• Fournir un élément de connaissance. • Être la cause de quelque chose avec l'idée de responsabilité. • Être l'élément qui entraîne brusquement une causalité quasi mécanique. • Produire avec l'idée d'être physiquement responsable de la chose. • Être à l'origine de quelque chose de négatif.

Mots « guides »	Mots synonymes	Nuances
	Provoquer	• Inciter (quelqu'un), par une sorte de défi souvent lié à une action négative, parfois violente.
	Soulever	• Poser un problème non encore perçu.
	Susciter	• Faire naître une idée pour aider ou contrecarrer (en tant qu'ami ou adversaire).
Changer	Améliorer	• Apporter des modifications positives.
	Modifier	• Changer mais pas obligatoirement en positif (plus neutre).
	Perfectionner	• Améliorer de façon positive avec une approche scientifique.
	Remanier	• Apporter des modifications à un ouvrage de l'esprit par un nouveau travail.
	Remodeler	• Transformer en modifiant la forme (peut s'employer pour une organisation).
	Restructurer	• Donner une nouvelle structure à quelque chose d'organisé.
	Transformer	• Donner un autre aspect, une autre forme relativement différente.
Comporter	Contenir	• Comprendre en soi, dans sa capacité, son étendue, sa substance. Très voisin de comporter, plus abstrait.
	Mentionner	• Signaler sans trop insister.
	Spécifier	• Synonyme de signaler en mentionnant de façon très précise des indications.
	Stipuler	• Insérer une information comme une condition (dans un contrat, un acte) – connotation juridique.

Mots « guides »	Mots synonymes	Nuances
Concevoir	Élaborer	• 1re étape passant par la conception puis 2e étape par l'élaboration. Approche moins intellectuelle que concevoir.
	Préparer	• Anticiper de façon matérielle avec l'idée d'une autre étape pouvant être réussie grâce à cette démarche.
Confirmer	Certifier	• Assurer qu'une chose est vraie, alors qu'une idée de démonstration ou de preuve réside dans « confirmer ».
	Corroborer	• Donner un appui en ajoutant de la force à une idée ou une opinion.
	Maintenir	• Affirmer avec fermeté et constance.
Se conformer	Appliquer	• Mettre en pratique alors que « se conformer » signifie se mettre en accord.
	Exécuter	• Appliquer mais de façon non critique un projet ou une décision (verbe à connotation négative).
	Observer	• Se conformer, mais de façon très régulière, à des directives souvent écrites.
	Respecter	• Être vigilant de ne pas porter atteinte à…
Contribuer	Collaborer	• Travailler en commun à quelque chose avec quelqu'un (contribuer ayant le sens d'apporter sa pierre à l'édifice).
	Concourir	• Tendre à un objectif commun avec d'autres.
	Coopérer	• Collaborer conjointement avec quelqu'un (souvent idée de solidarité).
	Participer	• Avoir effectué un travail (parfois bref) au sein d'une démarche collective (connotation positive).

Mots « guides »	Mots synonymes	Nuances
Déceler	Constater	• Idée plus passive du mot « constater » (observer de façon neutre) que du mot « déceler » où une certaine perspicacité est nécessaire.
	Relever	• Repérer une idée différente de la vision d'ensemble et la faire remarquer.
	Remarquer	• Avoir l'intelligence critique suffisante pour percevoir des éléments non mis en valeur.
Déterminer	Définir	• Définir étant plus neutre que « déterminer ». • Donner des limites à un sujet.
	Délimiter Établir	• Mettre en place un champ d'action par des règles précises.
	Fixer	• Déterminer de façon très concrète les limites d'un sujet.
Clarifier	Élucider	• Plus fort que clarifier. Rendre clair ce qui présente pour l'esprit des difficultés (avec souvent un raisonnement déductif).
	Expliciter	• Rendre clair et précis en énonçant formellement.
Effectuer	Accomplir	• Idée plus valorisante qu'effectuer (terme plus générique remplaçant faire).
	Exécuter	• Entreprendre un travail en suivant des ordres stricts (connotation négative).
	Réaliser	• Effectuer avec l'idée d'un travail mené à bien sur le plan concret après l'élaboration, par l'esprit, d'un projet.

Mots « guides »	Mots synonymes	Nuances
Envoyer	Adresser Expédier Faire parvenir	• Plus orienté nominativement vers le destinataire qu'« envoyer ». • Idée qu'il s'agit d'un paquet ou d'un colis. • À utiliser dans les cas où le document est transmis par quelqu'un et ne suit pas le circuit habituel.
Payer	Régler S'acquitter Procéder au règlement Effectuer un règlement	• Généralement employé dans un écrit professionnel à la place de « payer », mot rarement utiliser dans un écrit professionnel. • Connotation un peu administrative. • Formules les plus fréquemment utilisées à la place de « payer ».
Penser	Considérer Estimer	• Plus usité que « penser » (souvent trop abstrait), impression d'avoir envisagé toutes les données de façon objective. • Introduire une notion d'appréciation de la valeur dans la notion d'opinion.
Permettre	Amener Engager Déterminer Inciter	• Conduire progressivement quelqu'un alors que permettre introduirait la notion de supprimer tous les obstacles. • Débuter une démarche. • Délimiter avec précision un sujet pour engager ensuite une action. • Conduire quelqu'un à un type de comportement en l'influençant.
Réclamer	Demander Exiger	• Forme faible de la réclamation : la demande. • Forme forte de l'ordre, utilisé dans les situations très tendues.

Mots « guides »	Mots synonymes	Nuances
Vérifier	Contrôler Examiner	• Soumettre à l'action rigoureuse de contrôle alors que « vérifier » est moins fort. • Considérer avec réflexion et attention avec une connotation d'objectivité.

Afin de poursuivre cette démarche avec davantage d'acuité, il pourrait être intéressant de procéder à ce type de recherche pour vous-même, mais en sélectionnant des noms et des adjectifs adaptés à vos préoccupations et à votre secteur spécifiques.

À vous de jouer…

chapitre 14

Le vocabulaire professionnel transmet des messages sur le mode subliminal

Au cours de mes années d'audit en entreprise, j'ai progressivement pris conscience que le langage employé dans un écrit professionnel maîtrisé n'était pas innocent. En effet, curieusement, lors d'un travail de groupe sur la qualité des écrits, les plus familiers de l'écriture professionnelle proposent des changements spontanés, ressentis par les autres comme une amélioration certaine du texte étudié. Les mots d'origine n'étaient pourtant pas incorrects :

J'achève une formation à la Chambre de Commerce et d'Industrie de Paris….

Transformé en :

Je termine…

Quelles raisons sous-jacentes à ces remplacements, en apparence non réfléchis ? J'ai alors cherché à effectuer une analyse des impressions d'amélioration ressenties par l'ensemble d'un groupe de travail. Désormais rendue vigilante aux réactions provoquées par le vocabulaire, j'ai aussi constaté que certains documents, plus particulièrement affinés

113

dans le sens du vocabulaire choisi, permettaient ensuite d'obtenir plus facilement une large adhésion.

Par curiosité intellectuelle, j'ai pris l'initiative, voilà quelques années, de noter systématiquement les mots rejetés et le nombre de cas de rencontre de ceux-ci. Cette démarche m'a amenée à constituer progressivement un lexique d'environ 300 mots, fréquemment évités par les rédacteurs performants. Une fois ce travail accompli, j'étais alors en mesure de réfléchir aux causes justifiant ce rejet quasi systématique des mêmes mots, dans des contextes pourtant différents.

À l'origine, simples hypothèses de travail, ces causes me paraissent désormais, après réflexion, parfaitement justifiées par l'image valorisante que les secteurs professionnels souhaitent faire passer à travers leurs écrits. Il serait même possible d'évoquer la présence d'un style « subliminal ».

En effet, comme les images publicitaires qui, par millièmes de secondes, suggèrent un besoin non conscient par des images chargées de transmettre des messages superposés aux messages officiellement émis, les écrits professionnels, au moyen des mots, suggèrent des impressions pouvant renforcer ou altérer l'image. Cette approche, habituellement de l'ordre du registre intuitif, peut par formalisation devenir beaucoup plus construite. Elle peut s'intégrer alors à une stratégie de transmission des messages internes ou externes.

Toutefois, afin de ne pas rendre la démarche trop complexe, parfois même subjective, je ne me permets pas de transmettre au cours de ce livre l'ensemble du lexique qui, une fois imprimé, fausserait bien évidemment la démarche et pourrait créer de nouvelles réticences d'écriture par la présence de nouvelles interdictions.

Je me contenterai donc de présenter les causes de rejet qui selon moi justifient ces modifications et de les illustrer au moyen d'exemples qui permettront de saisir, avant tout, la logique à suivre lors du choix lexical.

Au cours d'un stage, je ne procède pas d'une autre manière, me gardant bien de proposer une liste de mots interdits, mais encourageant chacun à percevoir le moyen, par autocensure, de transmettre une image valorisante à l'écrit en fonction de la culture de son entreprise ou pour valoriser son image personnelle. En effet, tant par son courrier que ses comptes rendus ou rapports, l'entité professionnelle (entreprise publique, privée ou administration), tend à rejeter tous les éléments ne lui permettant pas de proposer une image de :

- précision,
- sérieux,
- clarté,
- positivité,
- maîtrise de soi,
- réflexion,
- tenue,
- déférence,
- recherche.

Je vous propose, ci-après, la grille d'analyse des causes de rejet que j'ai pu progressivement mettre en place. Chaque point correspond à une cause de rejet, vous remarquerez que certains mots en comportent plusieurs.

Les mots présentant plusieurs causes de rejet sont très bien repérés par tous En revanche, ceux qui n'en comportent qu'une ne le sont généralement que par les rédacteurs performants. Vous comprendrez, grâce à cette analyse, les réactions que vous avez déjà ressenties et les raisons présidant à des corrections qui ont pu alors vous paraître entièrement subjectives.

Les 8 causes de rejet de mots

Mots rejetés	Mots à sens large	Mots à double sens triple sens	Mots suggérant une image	Mots véhiculant des abstractions
	1	2	3	4
aujourd'hui		•		
désolé			•	
achever		•		
réfléchir				•
gros	•		•	
cher		•		
petit	•		•	
argent		•	•	
payer				
échafauder			•	
assez		•		
écrire	•			
trouver				

en situation d'écrit professionnel

Mots affectifs	Mots exprimant une non-maîtrise de la situation	Mots issus du langage parlé le plus quotidien	Mots à connotation négative	Mots de remplacement
5	6	7	8	
				ce jour
•				surpris
			•	terminer
				étudier
		•	•	important/ volumineux
•		•		coûteux
		•		succinct, peu volumineux, bref
			•	somme due, somme acquittée, règlement…
			•	effectuer un règlement, mot « payer » utilisé en 3ᵉ lettre de relance pour un ton très impératif
				concevoir
		•		suffisamment
				rédiger
	•			déceler

Élargissement au compte rendu de lecture, de conférence ou de dossier

Les méthodes synoptiques peuvent être également l'outil de travail des prises de notes de lecture, de cours ou de conférences. L'approche sera différente de celle des réunions où les objectifs des notes sont concentrés sur les contextes à chaque étape de l'ordre du jour, les propositions éventuelles, les décisions et les actions à mener.

En situation d'écoute de conférence, texte ou oral magistral, il s'agit exclusivement de dégager les idées-forces, devant être mémorisées, des informations complémentaires d'appui, pouvant éventuellement être oubliées. Un effort de prise de notes, effectué sur tableau synoptique, permet parallèlement d'accomplir un réel travail intellectuel lors de la prise de notes (ce mouvement spatial d'écriture réclamant une écoute plus concentrée) et d'entraîner constamment ses facultés d'analyse et de synthèse.

Il sera en effet plus aisé de repérer les liens entre les différentes idées-forces si celles-ci sont regroupées sur la même colonne centrale, selon les contraintes d'écriture du compte rendu de type 5 : **sans sujets et ver-**

bes conjugués. La colonne de droite sera consacrée aux informations d'appui et la colonne de gauche au plan détaillé, perçu en permanence au cours de la prise de notes ou ajouté à la fin.

Analyse réceptive ou analyse active ?

Deux démarches sont possibles :

- **une approche réceptive** où la seule initiative est concentrée dans l'effort de répartition de la matière entre les colonnes.

- **une approche active** pour laquelle le lecteur ou l'auditeur aura préalablement créé une grille spéciale, adaptée à ses besoins, et retiendra seulement au sein de celle-ci les éléments susceptibles de l'intéresser.

Il est possible de s'entraîner à ces méthodes en analysant des articles de journaux, de magazines et en prenant en notes des émissions. Quelques applications vous sont présentées ci-après afin de vous permettre, par l'exemple, d'utiliser ces méthodes synoptiques.

Par cette démarche, vous accroîtrez progressivement vos qualités d'analyse et de synthèse et vous renforcerez vos potentialités de mémorisation.

Un article de journal : analyse réceptive.
• « Une coalition mondiale contre la pauvreté » article de James D. Wolfensohn, paru le 9.10.01 dans *Le Monde.*

Une présentation de rapport : analyse active.
• Rôle de la commune dans l'implantation d'un réseau cablé.

Plan dégagé en fin d'analyse	Idées-forces	Informations d'appui
Introduction	**Nécessité de mettre en place un monde meilleur et mieux sécurisé** Début de collaboration mondiale : terrorisme, sécurité, économie Volonté générale croissante de coopération internationale	Prise de conscience liée aux événements du 11 septembre 2001
Impact du phénomène de pauvreté (analyse de l'existant)	*Plus grave enjeu actuel* : **lutte contre la pauvreté et l'exlusion sociale** **Pauvreté indirectement source de conflit et de terrorisme car centrage des pauvres sur la lutte pour leur survie** **Causes des guerres souvent liées à la pauvreté plus qu'aux problèmes ethniques**	Vision prospective d'une croissance interrompue par la crise actuelle entraînant croissance du nombre des pauvres et morts d'enfants
Mesures à prendre	**Objectifs à mettre en pratique :** éradiquer la pauvreté et promouvoir l'exclusion et la justice sociale afin d'intégrer tous les marginalisés **Mesures indispensables :** • prévenir les conflits par des actions concrètes et multilatérales sur le terrain • enraciner la paix à la suite d'un conflit armé • établir des stratégies de promotion de la cohésion sociale et de l'intégration : revenu, santé, hygiène • permettre aux peuples de participer aux décisions prises à leur égard.	Actions de ce type déjà réalisées dans la vallée du Nil avec 10 pays : paix en Afrique du Nord et Proche-Orient Timor Oriental – Rwanda Rappel du travail fait en Bosnie 200 millions de pauvres en moins alors qu'augmentation de la population de 1, 6 milliard

Plan dégagé en fin d'analyse	Idées-forces	Informations d'appui
Sont-elles applicables ?	**Positif :** cas récents de réussite : • baisse de la pauvreté depuis 20 ans liée à l'amélioration des politiques des pays en voie de développement • amélioration de l'éducation et de la santé **Négatif : nombreux problèmes à surmonter encore** • moitié des défavorisés dans pays en stagnation économique • augmentation de la population mondiale aggravant le problème	22% de moins d'illettrés Espérance de vie, passée de 45 à 64 ans 2 milliards de personnes concernées 20% de la population, moins d'un dollar/jour Aide à l'Afrique passée de 36 à 20 dollars par personne en 10 ans

Conclusion	Accroître l'aide extérieure surtout en Afrique très fragilisée
	• contrôler le commmerce international en faveur des pays pauvres
	• cibler l'aide aux secteurs clés :
	  – investissement
	  – productivité
	  – emploi
	• rechercher une solution internationale aux problèmes mondiaux :
	  – lutter contre terrorisme et criminalité/maladies transmissibles
	  – mettre les pays en voie de développement aux commandes des décisions
	  – obtenir la participation du secteur privé, des associations et des banques
	  – organiser une coalition mondiale contre la pauvreté
	Importance de relever le défi en s'entraidant sur le plan international en faisant les meilleurs choix
		Rôle des sommets de l'OMC
		Sida – paludisme
		
		Rappel des erreurs de l'après-guerre de 14/18 et des réussites de l'après-guerre 39/45

Rôle de la commune dans l'implantation d'un réseau câblé (1ʳᵉ page recto)

Aspects abordés	Analyse de la situation	Propositions et conseils
Répartition des compétences	• Double autorisation pour le câble : – autorisation technique (éta-blissement de réseaux : compétence communale auto-risation d'exploitation des réseaux câblés donnée par la CNCL à une société sur proposition de la commune. Règles générales de programmation : • moitié des canaux d'expression française, • respect du droit de la personne, • protection de l'enfance… • Durée d'exploitation fixée contractuellement à 20 ans (article 34 – loi 30/09/1986).	• Opter pour 1 des 2 applications – construire le réseau (en SEM par exemple), – faire construire le réseau par une société privée. • Soumettre le choix des maîtres d'ouvrages (environ 10 sur le marché) à la vigilance du CSA. • Demander l'approbation du CSA pour chaque nouveau programme et service proposés sur le réseau câblé.
Choix techniques	• Technologie indépendante de l'évolution du réseau : – ouverture à de nouveaux services : télé-achat, vidéo-thèque, télé-alarme, télé-surveillance, – système de « paper-view » lié aux fonctionnalités techniques du réseau.	• Définir un choix non pas en fonction des seules attentes mais aussi de l'évolution des services périphériques.
Définition du projet	• Nécessité de le définir le plus en amont possible de sa réalisation.	• Réaliser une étude de faisabilité du projet : audit technique – financier et technique. • Définir les contraintes sociales, géographiques, institutionnelles.

2e page recto

Aspects abordés	Analyse de la situation	Propositions et conseils
Choix des partenaires	• Réception fréquente de candidatures spontanées d'opé-rateurs dans les collectivités territoriales.	• Susciter les différentes candidatures afin d'obtenir une diversité de solutions techniques et juridiques. • Définir un cahier des charges pouvant servir de précontrat (mention des caractéristiques du réseau câblé souhaité).
Montage juridique	• Engagement de l'opérateur mentionné dans une ou plusieurs conventions d'exploi-tation signées avec la commune (en plus des obligations légales réglementaires).	• Choisir une formule juridique d'exploitation : – concession, – convention d'occupation du domaine public, – sous-traitance, – mandat.
Définition des conventions	• Utilisation des textes déjà rédigés par les opérateurs (plus difficiles à négocier pour la commune).	• Garder l'initiative de la négociation en proposant aux opérateurs des projets de conventions rédigés par la commune et en accord avec ses objectifs. • Tenir compte lors de la définition des termes de l'évolutivité du réseau et des services. • Rester maître du contrat en assurant le pouvoir de contrôle dans la durée.

3ᵉ page recto

Aspects abordés	Analyse de la situation	Propositions et conseils
Contenu de la négociation	• Divergence de points de vue quant à la rédaction d'une convention unique ou de plusieurs conventions face à un opérateur-exploitant. • Engagement fréquent et dangereux des communes sur : – l'acceptation future de propositions de modification du réseau, – un dédommagement de l'opérateur en cas de refus de nouveaux services. • Demande probable d'exclusivité pour l'opérateur au cours de la négociation (fournitures, TV, services professionnels).	• Engager une discussion au sein de l'équipe municipale afin de définir une politique contractuelle à long terme. • Intégrer cette demande dans une stratégie définie préalablement par la commune. • Adopter une position communale pour les antennes collectives, frein potentiel au succès du réseau câblé municipal.
Tarification	• Deux possibilités actuellement : 1) association directe à l'évolution du projet, 2) maîtrise confiée à l'opérateur.	• Mesurer les conséquences de ces choix dans le cadre d'une politique tarifaire en accord avec les objectifs de la municipalité.

Aspects abordés	Analyse de la situation	Propositions et conseils
Garanties financières	• Plusieurs niveaux de tarifs pratiqués afin de s'adapter à différents segments de clientèle. • Risque de sollicitation de fonds communaux en cas de déficit d'exploitation du réseau câblé municipal. • Existence fréquente de clauses sibyllines impliquant le secours des municipalités aux opérateurs en cas de déficit d'exploitation.	• Rédiger, en accord avec l'opérateur, une clause pour chacun des points suivants : – révision des tarifs, – fin de contrat (modalité et indemnités de reprise du réseau en cas de cessation des relations contractuelles), – atteinte d'un nombre suffisant d'abonnés afin de limiter les risques financiers liés à l'exploitation du réseau câblé municipal, – projet d'un regroupement de communes pour offrir un potentiel plus intéressant.

chapitre 16

10 étapes incontournables pour réussir vos comptes rendus

Les 10 conseils suivants résument les étapes susceptibles de vous donner les moyens de rédiger, avec le maximum de confort, un compte rendu de qualité.

❏ **Déterminer d'abord le type de compte rendu à rédiger** (type 2-3-4-5). En effet, en fonction du choix, vous noterez le nom des personnes qui parlent (type 2) lors de toutes leurs interventions ou vous ne les noterez pas (les autres types de comptes rendus). Vous prendrez aussi plus ou moins de notes en fonction du degré de synthèse souhaité.

❏ **Faire photocopier des grilles de prise de notes en 3 colonnes**
Vous établirez au début de la réunion un plan de table pour noter qui parle s'il s'agit d'un compte rendu n°2. Ce plan de table vous permettra également, dans les autres cas, de lister les participants sur la première page du compte rendu.

❏ **Écouter attentivement la réunion simulée ou réelle en repérant les points d'ancrage des contenus traités.** Ne prenez pas forcément vos notes à rythme régulier. En effet, peu de notes doivent être prises quand les personnes cherchent leur pensée dans le cas où la situation n'a pas encore été mûrie par elles à l'avance. Centrez votre attention sur le contexte (bilan, problème, besoin), sur les propositions, les décisions à mener et les actions définies.

❏ **Noter dans les colonnes à partir de mots clés.** Ne vous inquiétez pas des redondances, vous les éliminerez par la suite lors de la rédaction du texte définitif.

❏ **Ne pas hésiter à demander, en aparté à la fin de la réunion, quelques informations de détail mal comprises.** Si vous pouvez vous le permettre, demandez une explication ou un détail aux personnes concernées. Cette précision pourra vous apporter ensuite de l'assurance et vous permettra de renforcer la qualité de votre compte rendu, surtout si les données sont très techniques ou comportent des chiffres ou des sigles.

❏ **Rédiger le plus rapidement possible le compte rendu.** 48 heures maximum est le délai le plus efficace, surtout si votre mémoire vous fait parfois défaut. Un compte rendu n'a pas besoin d'être mûri. Au contraire, le temps est un risque : la subjectivité peut se développer à mesure que l'effort de mémoire s'accroît.

❏ **Ne pas oublier qu'un compte rendu est « une reformulation en langage écrit ».** Ne cherchez donc pas à être fidèle aux mots prononcés, la fidélité de restitution des propos doit être centrée sur le sens, les mots en sont seulement le nouvel habillage. Or, ce dernier peut être différent, plus soutenu, pour les comptes rendus de type 1 et 2 et obligatoirement un autre texte, plus synthétique, quand il s'agit de restituer le contexte, les propositions, les décisions ou les actions (dans les comptes rendus de type 3-4-5). Transcrivez donc les expressions de langage parlé en langage écrit. Il ne vous sera jamais reproché une plus grande maîtrise de la langue française. Beaucoup en effet restent persuadés qu'un compte rendu doit être la retranscription exacte des mots prononcés. Ce n'est pas le cas. **Ce qui importe, c'est le sens.** Là, en revanche, vous devez faire preuve de beaucoup d'objectivité.

❑ **Insérer les titres transmis aux participants avant la réunion** (ne pas créer d'autres titres lors de la rédaction du texte que ceux envoyés en ordre du jour). L'intérêt est donc de bien anticiper la qualité des titres lors de l'envoi de l'ordre du jour.

❑ **Créer une première page administrative.** Ne pas débuter le texte du compte rendu sur la première page, la réserver aux informations administratives (noms des participants par ordre alphabétique ou par ordre hiérarchique). Attention ! reprendre l'ordre alphabétique pour insérer des noms au même niveau hiérarchique. Notez-y également le nom des absents excusés et absents et éventuellement le nom des personnes auxquelles a été diffusé le compte rendu, pour information. Il est également intéressant de rappeler en encadré les points à l'ordre du jour (ou les thèmes abordés en cas d'absence d'ordre du jour prévu à l'avance) pour le futur classement du texte et pour l'historique du service.

❑ **Relire son texte au moins deux fois pour ne pas laisser passer des erreurs de fond et de forme.** La première lecture est centrée sur le sens, la seconde exclusivement sur les réactions grammaticales, les fautes de grammaire les plus fréquentes étant liées aux accords de participes passés.

Conclusion

Vous avez maintenant en tête les différentes possibilités à votre disposition pour écrire un compte rendu. Vous en percevez les méthodes et les conseils vous auront permis d'éviter les écueils les plus courants. Vous avez également noté la pertinence d'utiliser des comptes rendus sous forme de tableaux, beaucoup plus performants, outils à la fois de communication mais aussi de management d'équipe.

Il est toutefois à noter qu'une nouvelle tendance commence à se dessiner, liée aux nouvelles technologies : le compte rendu réalisé avec Power-Point et le compte rendu rédigé en direct en réunion avec un micro portable et un vidéo-projecteur.

Une diapositive par point à l'ordre du jour

Le compte rendu réalisé à partir de PowerPoint est très synthétique. Ses logiques sont de type 5. Il faut réserver une diapositive à l'introduction, une autre aux participants, encore une autre à la présentation des points à l'ordre du jour. Ensuite, chaque diapositive restituera en synthèse, le contexte (bilan, problème ou besoin), la décision prise (éventuellement) et les actions à mener. Ces dernières seront reproduites en caractères différents (italique gras, par exemple).

Ces comptes rendus apparaissent comme très opérationnels. Par leur nouveauté, ils peuvent influencer favorablement un client et suggérer votre grande capacité à être efficace et réactif !

Pour aller plus loin dans l'efficacité...

Certains font encore plus fort ! Ils réalisent en direct un compte rendu de type 5 pendant la réunion elle-même ! Il faut, dans ce cas, avoir à sa disposition un micro-portable et un vidéo-projecteur. Le rédacteur (de préférence une personne moins active que l'animateur de la réunion) prend sur micro la réunion en direct (sous forme de compte rendu de type 5). Toutefois, il enregistre exclusivement le contexte, les décisions prises en commun et les actions à mener. Ce compte rendu joue en effet la carte de la synthèse.

Tous les points notés sont validés par l'ensemble des participants dès épuisement du point traité. Cette approbation est effectuée en direct pendant le déroulement même de la réunion. Des mots sont alors modifiés au gré des suggestions et commentaires de chacun. Un exemplaire de ce compte rendu est ensuite donné à la fin de la réunion à chaque participant. Ce document devient alors un véritable outil de travail, exploitable comme base de réflexion à la séance suivante au cours de laquelle il sera vérifié, dès le début, l'avancée des actions à mener.

Cette forme de compte rendu rend particulièrement actif un groupe de travail et renforce considérablement l'esprit d'équipe.

À vous de réfléchir maintenant au compte rendu le mieux adapté à votre contexte professionnel...

ORGANISATION DE LA PENSÉE

- Méthodes de la communication écrite et orale
M. FAYET – J.-D. COMMEIGNES – Dunod

Synthèse : mode d'emploi
M. FAYET – J.-D. COMMEIGNES – Dunod

- Structurer sa pensée, structurer sa phrase
G. NIQUET – Hachette

- La méthode SPRI pour organiser ses idées et bien rédiger
L. TIMBAL-DUCLAUX – Retz

- La prise de notes efficace
L. TIMBAL-DUCLAUX – Retz

- Techniques de l'expression écrite et orale (T1 et T2)
D. BARIL et J. GUILLET – Éditions Sirey

- Savoir prendre des notes vite et bien
G. HOFFBECK et J. WALTER – Dunod

- De la prise de notes au compte rendu efficace
M.-A. GIRAUDY – P. GUERIN

- L'expression écrite : écrire pour communiquer
L. TIMBAL-DUCLAUX – Éditions E.S.F.

• La prise de notes intelligente
R. SIMONET – Éditions d'Organisation

• Écrire pour agir
A.MARRET-R.SIMONET J. SALZER - Éditions d'Organisation

FORME STYLISTIQUE

• La lisibilité
F. RICHAUDEAU - Éditions Retz

• 100 clés pour bien écrire et rédiger
M.-J. GOURMELIN - Marabout

• Techniques de l'expression écrite et orale (T1 et T2)
D. BARIL et S. GUILLET - Éditions Sirey

• Dictionnaire des synonymes
G. YOUNES - Marabout

Laboratoire des écrits
michelle.fayet@wanadoo.fr

134

Composé par Compo-Méca, Sarl
64990 Mouguerre

Dépôt légal : novembre 2021
Imprimé en Allemagne par BoD